LETTRE

DE

M. ISAMBERT.

LETTRE

DE

M. ISAMBERT

CONTENANT

LE RÉTABLISSEMENT DE FAITS IMPORTANTS

RELATIFS

AUX ÉVÉNEMENTS DES ANTILLES FRANÇAISES,

EN 1824 ET EN 1826,

ET LA

RÉPONSE A DES CALOMNIES.

PARIS,

IMPRIMERIE DE L. MARTINET,

RUE MIGNON, 2.

Septembre 1850.

A

MONSIEUR JOUANNET,

Représentant de la Guyane française.

Paris, 25 août 1850.

Mon cher Représentant,

Lors de la publication de la brochure de M. Bissette en réponse à M. Schœlcher, en mai dernier, je résolus de me taire, afin de ne pas mêler ma personne à ce violent débat, sachant bien qu'à Paris, où l'on connaît les hommes et les choses, je n'avais pas besoin de répondre à ses insinuations, et que l'on comprendrait dans quel esprit cet homme, peu scrupuleux de la vérité, chercherait à rendre compte de mes dernières relations avec lui.

Cependant, j'apprends qu'aux colonies il n'en est pas de même, et que ses allégations ont obtenu un certain crédit, dans le parti qu'il s'est fait, même auprès des hommes de couleur, dont j'ai été si longtemps l'heureux défenseur.

La volumineuse correspondance que j'ai conservée servira dans l'avenir à l'éclaircissement des débats des colo-

1

nies, a partir de 1824, pour remettre les ambitieux à leur place. Il m'avait paru qu'il suffirait, pour le moment, de la montrer à ceux qui, comme vous, connaissent déjà sommairement les faits, et à d'autres qui ont ignoré les motifs qui ont relâché et enfin rompu l'espèce d'intimité qui a régné entre M. Bissette et moi depuis son retour de la Guadeloupe, en 1827.

Il m'en coûtait de relever les preuves de son ingratitude, quoique peut-être la publication des faits relatifs aux déportés et aux condamnés de la Martinique, qui se confondent avec l'histoire de l'émancipation de la race de couleur dans nos colonies, ait bien son importance et son opportunité.

Les pièces qu'a pu conserver ou acquérir M. Bissette par les moyens qu'il indique lui-même dans sa correspondance, ne sont relatives qu'à son affaire particulière, ou à quelques incidents peu importants, dont les matériaux que je possède sont la partie principale et presque entièrement originale ; mais il est une quantité de faits qui lui ont échappé, parce qu'il ne les a connus que très imparfaitement, et dont la publication dissiperait bien des illusions.

Le moment ne me semble pas venu d'écrire, comme l'a fait Clarkson, l'histoire de l'émancipation dans les colonies françaises.

Je dois donc me borner à repousser quelques insinuations calomnieuses, et à rétablir la vérité sur des faits trop intimes pour mériter l'attention de l'histoire.

Causes de la rupture.

Vous savez personnellement les causes qui ont brouillé M. Bissette avec le digne et infortuné Fabien, auquel M. Perrinon a prodigué des soins si touchants lors de la maladie qui a éteint ses facultés mentales, en 1842. Sans ellc, Fabien eût empêché, j'en suis sûr; la scission qui a éclaté à la Martinique dans l'ancienne classe de couleur.

J'ai réussi à arrêter les suites de cette querelle (1).

Vous savez aussi plus intimement encore les motifs qui, vers cette époque, ont éloigné de M. Bissette tant de jeunes gens de couleur résidant à Paris, malgré les vives sympathies que ses malheurs avaient excitées chez eux (2).

J'ai travaillé de toutes mes forces, et avec succès, à empêcher qu'il en transpirât quelque chose au dehors, à rapprocher les esprits, et à maintenir une sorte de bonne harmonie entre les hommes de la même classe, tous intéressés au succès commun, si difficile à obtenir.

Peut-être les rancunes qui ont survécu pourraient expliquer la scission de 1848.

La *Revue des colonies*, publiée par M. Bissette, à partir de 1834, quoiqu'elle ne marchât pas d'accord avec la société pour l'abolition de l'esclavage, formée la même année, dont j'avais l'honneur d'être secrétaire, attestait du moins son indépendance. Je la désirais plus que personne, parce qu'on m'avait attribué la fondation de ce recueil. Auprès des magistrats, dont j'étais le collègue, et auxquels on envoyait trop souvent les œuvres du rédacteur, on cherchait à

(1) M. Bissette m'en a remercié en ces termes, par une lettre du 23 mai 1835 :

« Mon cher Isambert, par votre généreuse intervention, vous avez arrêté, il y a quatre mois, les suites d'une provocation en duel qui m'avait été faite. Je vous en ai su gré, et vous en sais gré encore, car il eût été déplorable que deux victimes des passions coloniales donnassent à leurs bourreaux le triste spectacle d'une telle division. La raison politique, et plus encore la déférence que je dois à votre personne, me fit consentir à tout ce que vous exigiez de moi. »

(2) Dans une lettre du 1ᵉʳ août 1841, M. Bissette voulait que je les repoussasse brutalement, sous prétexte que sans lui je n'aurais pas été leur patron.

m'en rendre solidaire, quoique je désapprouvasse la violence et les personnalités qui y régnaient (1). Mes relations avec M. Bissette étaient devenues si difficiles, qu'il me fallut rompre la familiarité qu'il avait prise chez moi, à raison des rapports qui s'étaient de plus en plus resserrés par suite de mon dévouement à sa cause, et du désir que j'avais de le laver entièrement des condamnations coloniales.

Au reste l'abus qu'il fit du billet familier de 1841, qu'il ose encore publier aujourd'hui, après la rupture dont il fût la cause, ne me permettait plus d'hésiter.

Je ne puis entrer dans aucun détail à ce sujet, parce que l'honneur d'une femme y est intéressé.

Malgré l'irritation qu'il en ressentit, je crois qu'il sentit son tort ; car en 1842, il se porta *spontanément* mon défenseur contre les attaques les plus déloyales d'un délégué des colonies, et vanta ce désintéressement qu'il semble aujourd'hui révoquer en doute.

Il est vrai qu'il était l'auteur involontaire de ces attaques par une indiscrétion et par une erreur grave qu'il avait commises relativement à mes relations avec Haïti.

Il s'attribua tout le mérite et tout l'effet de la réfutation qu'il en fit après moi.

Cependant je ne pouvais pas être insensible à cette bonne volonté de M. Bissette, et il put y voir une sorte de rapprochement, quoique la familiarité ne pût être et n'ait jamais été depuis rétablie sur l'ancien pied.

Ce fut alors qu'il me consulta, son manuscrit à la main, sur la réfutation qu'il voulait faire de l'ouvrage récent de M. Schœlcher, sur l'état des personnes aux colonies. Je ne

______

(1) M. Bissette m'écrivait le 23 septembre 1835 : « L'article relatif » à ... fera la fortune de ce numéro de la *Revue des colonies;* j'ai voulu » parler aux passions ; j'ai voulu être insolent, et je crois avoir réussi. »

blâmai pas ce dessein ; car il y avait à reprendre dans cette
œuvre, sur le jugement porté relativement à la population
de couleur libre ; mais je m'élevai avec force, en présence
d'un homme de cette classe, qui fut de mon avis, contre les
personnalités dont cette réfutation était l'occasion.

M. Bissette dédaigna ces conseils, et en m'envoyant sa
publication, il m'avertit (1), dans mon intérêt, disait-il, de ne
pas manifester ma désapprobation. Il ne prévoyait pas le
désaveu qu'il fut obligé d'en faire publiquement bientôt
après (2).

M. Bissette prétendit ensuite que je devais, comme lui (3),
me rapprocher du clergé pour mener à bonne fin l'abolition
de l'esclavage ; je lui répondis que l'indifférence d'un corps
aussi puissant tenait, dans cette question, à la possession
qu'il avait eue d'esclaves, et à son opinion que la servitude
du corps n'empêche pas le salut des âmes ; que ce corps

(1) Voici ce qu'il m'écrivit à ce sujet, le 28 mai 1843.

« Mon cher monsieur Isambert, quoique vous ne partagiez pas mon
opinion sur la réfutation du livre de M. Schœlcher, je ne vous adresse pas
moins un exemplaire de cette réfutation..... Il est à craindre que
M. Schœlcher ne s'étaie de votre opinion... Je dis qu'il est à craindre pour
vous, bien entendu, car je suis presque assuré de l'assentiment général
des miens. »

Je lui répondis, le 29 :

« Au lieu de faire un appel aux bons sentiments de cet écrivain,
comme a fait M. Perrinon, vous avez été aussi blessant que vous l'avez
pu. Je doute que l'on vous sache gré du parti que vous avez pris. Vous
semblez supposer que j'ai avec M. Schœlcher une liaison qui m'empêche
de voir les choses avec impartialité. Mes relations avec M. Schœlcher
sont des relations de politesse et non une liaison. Je trouve absurde cette
opinion de M. Schœlcher qu'il y a plus de vertus chez les esclaves que
chez les noirs libres ou les hommes de couleur, mais..., etc. »

(2) Le 10 octobre. — Il est imprimé.

(3) Il avait repris en 1847 la publication de la *Revue des colonies*,
sous une couleur toute nouvelle et toute cléricale.

n'agirait pas auprès des puissances qui maintenaient l'esclavage; que d'ailleurs la société avait fait des démarches infructueuses à ce sujet auprès de l'archevêché et des prélats de France ; que, quant à moi, mon opinion étant fondée sur des principes, je n'irais pas me compromettre par une dévotion feinte , et qu'il fallait se contenter de l'adhésion spontanée des ecclésiastiques individuellement.

Nous en étions là au moment de la révolution de 1848. Je retrouvai M. Bissette à l'Hôtel-de-Ville, à l'état-major de la garde nationale, et dans les bureaux de M. Jules Favre, au ministère de l'intérieur; je faisais tous les vœux possibles pour qu'il obtînt une position qui le mît, lui et sa famille, à l'abri du besoin.

Je n'ai aucune connaissance du club des Amis des Noirs qu'il fonda, en présence de la commission , pour l'abolition de l'esclavage, dont le ministre (M. Arago) abandonna la formation à M. Schœlcher. Mais j'ai su qu'une députation s'était présentée pour protester contre la formation de cette commission, et qu'il en aurait été fait mention au procès-verbal sans une dissidence sur les termes de cette mention.

Quoique mes amis et moi, les fondateurs de la société pour l'abolition de l'esclavage , nous en fussions exclus, malgré l'appel qui m'avait été fait verbalement par le ministre ; cette opposition était blâmable , parce qu'il ne faut jamais empêcher le bien de se faire, et parce qu'on était en temps de révolution.

Sans doute la publication de la lettre où l'on combattit sa candidature à un grade dans l'artillerie de la garde nationale en fut la représaille. Pour moi, qui n'ai point à juger ces actes, je fus très fâché qu'on eût fait figurer mon nom dans un acte de la vie privée de M. Bissette, et je crois que son auteur eut du regret de ne m'avoir pas consulté sur ce point.

Mais rien n'empêchait alors M. Bissette d'en venir conférer avec moi, afin d'en obtenir l'explication. Rien ne l'autorisait à m'envoyer deux députations qui voulurent m'imposer par la menace des attestations générales auxquelles ma conscience s'opposait.

J'en fus blessé, et je répondis par une déclaration sèche.

Cependant lorsque M. Mayer, imprimeur, vint plus tard invoquer mes anciennes sympathies, et me tint le langage que j'avais droit d'attendre, je donnai une lettre explicative; mais, pour prouver que je ne cédais pas à la menace, j'exigeai que l'original de cette lettre restât dans les mains de M. Mayer, que je croyais indépendant de M. Bissette.

Malgré cette déférence , et ma réponse aux trois points qui m'étaient personnels, M. Bissette me fit écrire par son fils une lettre qui, tant qu'elle ne sera pas retirée, ne me permet plus d'avoir aucune relation avec lui. Il est clair, par le ton menaçant de cette lettre, qu'on n'eût été satisfait de moi , qu'autant que je me serais associé à M. Bissette dans la lutte.

Si je l'avais reçue avant la lettre à M. Mayer, je n'aurais pas remis celle-ci, qui a passé dans ses mains sans mon consentement et contre l'engagement d'honneur de M. Mayer, de manière que je ne puis en vérifier les termes avec celle qu'il a publiée. Or, j'ai à me plaindre de la falsification que M. Bissette a faite de ma lettre du 2 juillet 1843, en m'asciant à une souscription qui ne me regarde pas , et de la réticence qu'il a gardée en ne l'accompagnant pas de celle du 4, devenue nécessaire par l'allégation de faits étrangers, destinés à jeter dans le public des insinuations malveillantes contre moi.

J'ai donc été fondé à écrire à M. Schœlcher, pour prémunir mes amis aux colonies contre l'abus qu'on m'annonçait avoir été fait de la lettre à M. Mayer, afin d'attaquer l'administration déjà si difficile de M. Perrinon, commissaire général de la Martinique.

Il est notoire que je ne suis pas l'ami politique de M. Schœlcher. Qu'on pense ce qu'on voudra de la position que ce représentant a prise dans nos assemblées ; mais les abolitionistes ne peuvent nier qu'il n'ait rendu de grands services à la cause de l'abolition de l'esclavage, dont il a été le dernier promoteur. Il est vrai que cette grande mesure eût été environnée de plus de garanties, si ses anciens partisans en eussent délibéré en commission ; mais il a saisi le moment le plus opportun pour la faire passer, et il est douteux qu'elle fût acceptée aujourd'hui sans de grandes restrictions ; enfin, je ne connais pas de garantie plus forte donnée à la propriété, que le vote de l'indemnité accordée aux colons, qu'il a fait accepter sans contestation par son parti.

Sous ce double rapport, je rendrai toujours à ce personnage politique la justice qui lui est due.

D'ailleurs, il ne s'agissait pas de M. Schœlcher, mais de mes actes ; j'aurais avec la même impartialité pleinement approuvé la position politique prise par M. Bissette, à la Martinique, si, après l'annulation par l'Assemblée constituante de sa première élection, il s'était toujours porté comme le représentant des principes méconnus en sa personne en 1824, pour ne prêcher que l'oubli du passé et pour soutenir l'administration.

Mais autant qu'il m'a été donné d'en juger, il a désavoué les principes que j'ai soutenus avec succès au nom des déportés et au nom des condamnés de 1824, sous prétexte que ces mesures étaient une conséquence de la législation exceptionnelle sur l'esclavage (1).

(1) On verra ci-après ce qu'il a dit à cet égard.

Or, qu'il le sache bien, ces principes ne lui appartiennent pas. Que leur violation ait été le fruit de l'erreur et de la violence de préjugés invétérés, à la bonne heure ; mais en défendant ces principes éternels de vérité et de justice, ce n'est pas sa personne que je défendais, et d'ailleurs, il n'était pas le seul intéressé.

En outre, il s'est élevé une polémique très irritante contre l'administration intelligente et désintéressée du commissaire-général, et elle a continué sous M. l'amiral Bruat, son successeur, et gouverneur-général des Antilles.

Puisqu'il a oublié ses griefs contre les auteurs de sa condamnation, fallait-il donc tant de grandeur d'âme pour couvrir du même oubli la lutte qu'il avait engagée lui-même à Paris contre la commission, alors qu'il s'agissait de l'émancipation, si longtemps désirée par lui et par nous?

Mais s'il ne pouvait oublier une lutte trop récente, pourquoi avoir compris dans sa polémique ses anciens amis, les hommes les plus éminents de sa classe, ceux qui se sont le plus distingués par leurs talents :

M. Jouannet, dont j'ai vu les succès de 1835 suivis d'honorables services dans la magistrature, arrivé au poste de directeur de l'intérieur, candidat et depuis élu à la députation de la Guyane ;

M. Pory-Papy, dont le procureur-général d'Aix m'a vanté les moyens et la conduite, quand il y vint prendre ses grades à la même époque; qui, comme maire de la ville principale des Antilles a rendu au moment de l'émancipation des services qui lui valurent la députation de la Martinique, et des succès dans le sein de l'Assemblée constituante, où l'on admira son intelligence et sa facile élocution ;

M. Clavier, si modéré, membre de la Cour d'appel, où il est une garantie particulière d'une justice impartiale pour tous sans distinction de couleur, ainsi que MM. Merentier, Procope, Deproge, et tant d'autres que je ne puis nommer ici?

Pourquoi faut-il que son voyage à la Guadeloupe ait eu lieu dans une vue purement personnelle, pour combattre l'élection de M. Perrinon, cet élève de l'École polytechnique aux succès duquel il avait applaudi, qui avait obtenu un grade assez élevé dans l'armée, et arrivé au poste éminent de commissaire-général, alors que son administration n'avait pas donné prétexte à l'accusation de démagogie?

N'étais-je pas autorisé à déplorer un conflit qui a divisé deux colonies si voisines? Et parce qu'on a publié, sans mon autorisation, l'expression d'un sentiment si naturel de ma part, devais-je être signalé aux noirs et aux hommes de couleur du parti de M. Bissette, comme ayant perdu les droits que j'avais acquis à leur confiance depuis 1824, et dont ils m'ont donné un si éclatant témoignage par la belle médaille de 1838 (1).

J'écarte ici des bruits absurdes, qu'on m'a écrit avoir été propagés contre moi, quoique ce soit une vieille tactique aux colonies de ne reculer contre aucune supposition, tant on y compte sur la crédulité générale. Ces bruits ne sauraient atteindre un homme dont la vie est aussi publique que la mienne.

Ce qu'il y a d'évident, c'est que M. Bissette s'est fait chef d'un parti à la Martinique, et qu'il s'est entouré à cet effet d'un prestige religieux et politique, pour disposer de l'élection.

Peut-être les chefs de l'ancienne classe blanche, qui ont recherché son appui, s'apercevront-ils plus tard qu'ils ont eu tort de favoriser cette ambition, qui a alarmé les

(1) Cette médaille, frappée à la Monnaie de Paris, avec mon portrait, porte pour exergue : *A leur défenseur, les nègres et les mulâtres reconnaissants*, 1838 : *Nil actum reputans, si quid superesset agendum.*

représentants du gouvernement métropolitain. Qu'ils méditent les paroles qu'ils trouveront dans cet écrit.

Il est certain pour moi que la formation du parti Bissette à la Martinique a été le signal de la formation de ce qu'on appelle le parti *Schœlcher* à la Guadeloupe.

Il faudra beaucoup de sagesse et d'habileté pour les détruire, et pour ramener tous les esprits au gouvernement métropolitain ; car il paraît qu'aux colonies l'esprit d'opposition est porté à l'extrême.

Comme rapporteur du projet de loi sur la liberté de la presse aux colonies, j'ai dû me préoccuper de la manière dont les journaux faisaient usage de la liberté introduite à la suite du décret du 2 mai.

J'y ai vu une lutte ouverte contre les autorités les plus élevées, et une surexcitation croissante qui faisait prévoir la prochaine application de l'état de siége. La correspondance des gouverneurs se plaint de l'impunité de ces attaques.

Je vous félicite donc, mon cher représentant, d'avoir voté la loi d'urgence du 7 août 1850, même dans les dispositions que la commission coloniale et le conseil d'état avaient rejetées pour un état normal, et qui donnent aux gouverneurs un pouvoir exceptionnel sur la presse périodique.

Ce pouvoir est nécessairement temporaire, et les raisons données par M. Bissette et d'autres représentants qui se vantent d'appartenir au parti conservateur, et que j'ai lues au *Moniteur*, ne m'ont pas paru suffisantes pour les repousser. La presse n'est pas tout entière dans les journaux. Il y a lieu d'espérer d'ailleurs que les gouverneurs n'useront des facultés qui leur sont conférées qu'en cas de nécessité absolue, et pour éviter la mise en état de siége dans les colonies, où l'ordre public n'a pas été sérieusement compromis.

S'il m'est permis de donner un conseil à ceux des habitants qui m'ont plus particulièrement regardé jusqu'à ce jour comme leur défenseur et leur ami, qu'ils demeurent bien convaincus que le gouvernement métropolitain ne veut en rien porter atteinte à leur émancipation civile et politique, et qu'il ne recevra jamais de conseils contraires de la part de la commission coloniale, qui compte dans son sein des amis de la vraie liberté, tels que MM. de Broglie, Passy, Tracy, pour ne pas me nommer moi-même. Je déclare que je n'y ai pas entendu une seule parole qui pût les blesser, et qui n'ait, au contraire, pour but de consolider l'émancipation et d'assurer leur bonheur. Qu'ils se gardent bien de s'associer aux attaques dirigées incessamment contre le directeur des colonies, à cause de la part qu'il a eue dans l'émancipation : les procès-verbaux de 1848 en font foi.

L'égalité d'admission aux emplois publics, sans laquelle la fusion serait impossible, sera respectée dans la pratique, si, résistant à un esprit aveugle d'opposition, les hommes capables par leur éducation et leur intelligence appuient cordialement l'autorité métropolitaine, et réclament par les voies pacifiques contre des injustices ou des oppressions partielles.

Je ne me suis jamais repenti de leur avoir donné ce conseil en d'autres temps.

L'affaire des déportés et l'affaire des condamnés.

Maintenant que j'ai parlé du présent, il me reste à m'expliquer sur le passé, que M. Bissette a dénaturé, et dans lequel il cherche à se grandir démesurément aux dépens de ses compagnons d'infortune, et de celui qui l'a fait réhabiliter. Il y a d'ailleurs des assertions qui tendent à me ravir une partie du patrimoine d'honneur et de gloire que je veux laisser intact à mes enfants.

Dans sa brochure, il se pose, dès le début, comme l'objet exclusif des regards et de l'intérêt de la métropole, dans les

procès fort distincts relatifs aux déportations de 1823 et aux condamnations de 1824 ; comme le *directeur* de la défense commune ; comme celui qui a surtout donné le signal du courage, et comme ayant distribué les rôles et la gloire à tous.

Or je dois à la vérité de déclarer que, dans le principe, sa conduite a été des plus timides, et que le signal du courage a été donné par les déportés amenés en rade de Brest ; je parle en première ligne d'*Ériché* et d'*Hilaire Laborde*, de Millet et de Mont-Louis Thébia.

Selon lui, je commençais ma carrière d'avocat ; il est l'auteur de la gloire que j'ai acquise, et *peut-être* de ma fortune.

Or il me permettra de lui représenter très humblement que j'étais déjà connu par des travaux importants en législation ; que j'avais, en 1822 et 1823, été chargé d'affaires qui avaient eu un grand retentissement ; et enfin, il n'y a pas grande vanité à le dire, que nul ne connaissait au même degré l'ancienne législation en vigueur aux colonies.

C'est à cette réputation bien établie, que des hommes notables à Paris, touchés de son malheur et de la situation désespérée où il se trouvait, avec Fabien et Volny, par l'exécution d'un arrêt qui le condamnait aux galères perpétuelles, s'adressèrent à moi, de préférence à tout autre membre du barreau, pour que j'entreprisse sa défense.

Quant aux quarante-quatre déportés détenus avec eux, dédaignant les conseils timides qui prévalaient à Brest, ils m'adressèrent leurs pouvoirs directs ; mais la position des trois condamnés était plus urgente ; il s'agissait d'empêcher qu'on ne les mît au bagne, et de saisir la Cour de cassation de leur recours.

Je m'empressai de déposer dans les formes légales les

pièces de leur pourvoi le 10 mai 1824, au ministère de la justice, et, prévoyant les difficultés qui, pendant près de deux ans, en suspendirent l'effet, je produisis le 12 les preuves de la recevabilité de ce pourvoi ; pour ne rien négliger, je m'adressai également au département de la marine.

Mais presque aussitôt, un défenseur, choisi directement par M. Bissette et ses compagnons d'infortune, me déclara qu'il en était chargé, et qu'il voulait en rester le seul directeur, offrant toutefois de me laisser la défense du pauvre Volny.

En laissant à mon confrère la responsabilité de sa décision, je lui remis, en refusant ses offres de rémunération, tous les renseignements dont il avait besoin pour accomplir sa tâche.

Les trois condamnés approuvèrent ce désaveu (1), malgré quelques compliments adressés à l'avocat célèbre (2) que leurs amis avaient choisi pour eux, et leur vif désir de l'associer à la défense ; et j'y restai dès lors étranger en m'occupant exclusivement des déportés.

Affaire des déportés.

Cette affaire présentait à elle seule tout l'intérêt politique que le public pouvait y attacher, la situation de l'état

______

(1) Ils furent avertis de ce qui se passait pour leur défense par ma lettre du 27 mai. On verra ci-après comment M. Bissette s'en excuse dans sa lettre du 21 décembre 1826.

(2) M. Bissette m'écrivait le 9 juillet 1824, à l'occasion du Mémoire du 29 juin, relatif aux déportés, où il était fait mention de sa condamnation, et de sa belle conduite au *mont Carbet.* « Il n'appartient qu'à un » avocat de votre mérite, qu'à un défenseur dont les talents *sont si cé-* » *lèbres*, qu'à un ami de l'humanité tel que vous, d'être le protecteur » des opprimés. Déjà, Monsieur, j'ai eu occasion d'applaudir à votre » généreux dévouement ; aujourd'hui que vos bienfaits s'augmentent, » mon âme ne peut être insensible... »

des personnes aux colonies, en présence des trois classes :
celle des maîtres, celle des noirs engagés dans les liens de
la servitude, et la classe intermédiaire des hommes de couleur libres.

Un ancien colon avait publié à Paris une brochure sur la
situation de cette dernière classe ; sa distribution à la Guadeloupe n'y avait causé aucune émotion. A la Martinique,
le gouverneur, qui avait déjà, sans l'autorisation préalable du
gouvernement métropolitain, créé une cour prévôtale, en
dehors des règles ordinaires, cédant à une clameur inconsi-
dérée, prononça la déportation aux colonies étrangères et au
Sénégal de l'élite de la population de couleur, et fit en même
temps instituer une procédure criminelle contre sept personnes de la même classe, au nombre desquelles se trouvait
M. Bissette. On obtint la condamnation effroyable dont nous
avons parlé, et le procureur-général se hâta de la faire exé-
cuter par la flétrissure, nonobstant la voie ouverte à la cassation, et les fit expédier pour le bagne de la métropole.

M. Bissette n'était pas alors un écrivain politique, mais un
marchand. A l'égard de la *terrible* brochure, il n'en était que
le colporteur ou plutôt le distributeur : voilà tout son crime.

L'exposé de l'affaire, que je fis dans un mémoire imprimé
adressé au conseil des ministres, et appuyé de toutes les
pièces justificatives qui prouvaient que les hommes de couleur étaient tombés dans l'ilotisme et étaient injustement
proscrits, fit un grand effet sur l'opinion publique.

Une feuille connue par sa discrétion et par ses doctrines
gouvernementales, le *Journal des Débats*, disait le 22 juillet 1824 :

« Une nouvelle plaie de la France vient de se découvrir
» aux regards du public ; l'affaire des hommes de couleur
» *déportés* nous révèle l'état précaire et dangereux où sont
» laissées nos colonies, par l'absence d'une législation

» fixe, claire et complète, qui détermine la position *civile*
» de chacune des classes d'individus dont la population
» coloniale se compose. Le danger réel résulte de la posi-
» tion équivoque de la classe nombreuse, intelligente, cou-
» rageuse et robuste des hommes de couleur... » D'autres
journaux ajoutaient : « La plaie est doublement · sai-
» gnante ; d'une part, on voit une liste de plus de deux
» cents personnes déportées sans jugement, c'est-à-dire,
» pour donner à la chose sa véritable qualification, une
» véritable proscription ; de l'autre, on apprend le mi-
» sérable état dans lequel se trouvent les hommes de cou-
» leur libres aux colonies. Le savant et courageux avocat
» qui a entrepris cette défense a été lui-même inquiété (il a
» été réprimandé pour s'être immiscé dans une affaire qu'on
» prétendait *non contentieuse*) ; on aurait voulu ensevelir
» dans le silence une cause qui a fait tant d'éclat : si les mi-
» nistres persistent à ne pas faire justice, l'opinion publique
» la fera. Cette affaire sort du cercle ordinaire des causes
» judiciaires ; elle intéresse de trop près l'humanité, la jus-
» tice et la politique ; elle importe trop à l'honneur de la
» France, elle excite dans le nouveau monde une trop vive
» sollicitude, etc. »

La Chambre des députés s'en occupa en juillet 1824 et
en janvier 1825, et la Chambre des pairs eut à cet égard une
discussion décisive le 20 janvier 1825. Le ministre de la
marine y annonça que la déportation avait été révoquée dès
le 15 octobre 1824. Elle l'était déjà depuis le commence-
ment de septembre, à l'égard des quatre déportés restés à
Brest, que j'eus le bonheur d'embrasser au Havre.

Les notabilités parlementaires y avaient pris part. Foy,
Casimir Périer, Benjamin Constant, Devaux ; — Lainé, de
Broglie, Molé, Choiseul, Barbé-Marbois, Lally - Tolendal,
Barante, Ségur.

L'héritier du trône, M. le duc d'Orléans, un prince de la maison d'Angleterre, me témoignèrent leur sympathie.

De là datent les réformes administratives et judiciaires, introduites successivement dans les colonies, l'ère nouvelle établie par la Charte de 1830, les lois qui ont conféré les droits politiques aux hommes de couleur, puis une série de mesures qui ont abouti définitivement à l'émancipation des esclaves eux-mêmes.

Le Mémoire de M. Isambert a été inséré dans le *Recueil des causes célèbres*.

L'éclat qu'avait eu cette affaire retentit en Haïti plus qu'ailleurs; deux des déportés libérés s'étaient rendus au Port-au-Prince porteurs du mémoire justificatif, et le président Boyer avait fait adresser par le secrétaire d'État des finances à son auteur ce qu'il appelait une *marque de son souvenir* [lettre du 12 janvier 1825 (1)].

A la nouvelle du succès obtenu à la Chambre des pairs par la déclaration des ministres, ce fut un enthousiasme tel que les citoyens des Cayes délibérèrent et firent imprimer une adresse sous la date du 26 juin; la lettre du secrétaire d'État d'Haïti du 18 juillet fait foi que son gouvernement n'en fut pas moins frappé; et comme il venait d'accepter l'ordonnance de Charles X du 17 avril, qui reconnaissait l'indépendance d'Haïti sous des conditions pécuniaires très onéreuses, il ne fut pas fâché de s'être attaché ainsi un conseil éclairé; M. Isambert reçut copie des lettres-patentes du 16 juillet, qui autorisaient les commissaires désignés à contracter à Paris un emprunt de 30 millions.

M. Bissette a la fatuité d'imprimer que c'est aux recommandations de *lui* et de ses amis que M. Isambert dut la

____

(1) Nous laissons à l'investigateur, M. Bissette, d'en dire le chiffre, et de le comparer à celui qu'il a reçu lui-même du gouvernement en 1830, et qu'il a voulu faire augmenter en 1839 et en 1848.

confiance de ce gouvernement, et l'on vient de voir que son
nom n'était encore connu que comme celui d'un condamné
qui attendait dans les prisons de l'État la solution de la
question de savoir même si son pourvoi était admissible ; les
mémoires de M. Isambert avaient seuls révélé son existence ;
car celui de son défenseur était resté inconnu.

M. Bissette était si peu de chose alors, que, malgré ma re-
commandation très pressante du 29 décembre 1825 (1), les
commissaires d'Haïti ne visitèrent pas les malheureux condamnés détenus au château, quoiqu'ils eussent accompli
leur mission auprès du gouvernement français ; et cependant M. Bissette imprime ce qu'on a vu. Mais nous sommes
en 1850 !

Ajoutons que M. Bissette, cet homme important, n'avait
pas imprimé et n'a pas imprimé depuis un mot pour sa
défense, dont il semble que je n'aurais été que le simple
conseil !

Au surplus, voici une lettre de M. Baudin, alors associé
de la maison Ternaux, au Havre, aujourd'hui doyen des vice-
amiraux, qui apprendra si c'est à sa propre réputation ou
à celle que lui fit M. Bissette, que M. Isambert doit le rôle
qu'il a joué dans cet emprunt, contracté seulement à 14 pour
cent de perte sur le pair.

---

(1) *Lettre de M. Isambert aux commissaires d'Haïti, à leur départ
de Paris, après la conclusion de l'emprunt (Extrait). N° 46 du 1ᵉʳ vol.
de ma collect. des pièces d'Haïti.*

Vous allez passer dans une ville où gémissent encore dans les cachots
trois condamnés, Bissette, Fabien et Volny ; je vous prie de leur remettre la lettre ci-jointe, qui leur porte des consolations ; si vous pouvez
y ajouter les vôtres, et leur confirmer ce que je leur ai écrit, vous verserez
un nouveau baume consolateur dans leurs blessures. Que ne peuvent-
ils aller vivre sous la protection de vos lois bienfaisantes et simples, et
oublier qu'ils furent victimes des préjugés de castel....

17 septembre 1827 : « Mon cher Charles (elle est adres-
» sée à la maison Ternaux-Gandolphe), il y a longtemps
» qu'étonné de ne pas voir les frais de consultation dans
» l'affaire de l'emprunt d'Haïti figurer au compte de la
» République, j'avais engagé Gandolphe à faire demander
» à Isambert la note de ses honoraires, et je regrette qu'il
» ne l'ait pas fait.

» Dans les derniers jours d'octobre 1825, trois compa-
» gnies se présentaient en concurrence pour traiter de
» l'emprunt; elles avaient à leur tête, l'une Jacques Lafitte,
» l'autre Benjamin Delessert, et la troisième André et Cottier.
» Peu de temps avant l'époque fixée pour l'adjudication pu-
» blique, les deux dernières compagnies manifestèrent des
» doutes sur la constitution à l'État de la mesure finan-
» cière adoptée par le président, et par conséquent, sur la
» légalité des pouvoirs des commissaires haïtiens.

» J'assistai avec votre père à plusieurs conférences sur ce
» sujet, chez M. Benjamin Delessert, où se réunissaient
» quelques membres de sa compagnie et de celle de MM. An-
» dré et Cottier. Là, *Casimir Périer*, la constitution d'Haïti
» à la main, s'efforçait de nous démontrer que l'emprunt,
» n'ayant pas été sanctionné par le corps législatif, était
» une mesure extra-légale, qui ne présentait aucune sécu-
» rité aux prêteurs. Il était difficile de soutenir la lutte con-
» tre un dialecticien de cette force; je voyais les membres
» des deux compagnies singulièrement ébranlés par les ar-
» guments de Casimir Périer. M. Benjamin Delessert surtout
» avait perdu toute confiance et déclarait positivement qu'il
» se retirait; MM. André et Cottier en disaient à peu près
» autant. Cependant nous touchions au jour de l'adjudica-
» tion publique, il devenait impossible de réunir dans un
» temps fort court de nouveaux capitalistes. D'ailleurs la
» retraite simultanée des deux compagnies devait effrayer

» tous ceux qui auraient eu la pensée de se mettre sur les
» rangs. Cet événement allait nous laisser à la merci de la
» compagnie Lafitte, qui sans doute profiterait de la circon-
» stance pour imposer des conditions onéreuses à l'État d'Haïti.
» Il n'y avait pas un instant à perdre : je cours de grand ma-
» tin trouver Isambert (1), qui, malgré des occupations très
» pressantes, se mit de suite à ce travail, et avant midi nous
» envoya une consultation tellement forte, tellement lumi-
» neuse, qu'elle dissipa immédiatement les doutes des deux
» compagnies et les détermina à se présenter à l'adjudica-
» tion publique, en concurrence avec la compagnie Lafitte.

. » Le travail d'Isambert a donc été d'une immense utilité
» à la république d'Haïti, dont il a maintenu l'honneur et
» formé le crédit naissant, en contribuant à lui faire obtenir
» des conditions d'emprunt aussi avantageuses que le per-
» mettaient les circonstances. Mais c'est au gouvernement
» d'Haïti que cette consultation a profité (2). »

M. Bissette croira-t-il enfin que M. Isambert était alors
un avocat de quelque renom et de quelque capacité en
affaires, lui qu'il appelait spontanément *grand jurisconsulte*
en 1840 (3).

Parce qu'il a été très curieux de pénétrer dans les affaires
de M. Isambert, chez lequel il s'est établi en permanence (4),
il croit tout savoir ; il est vrai qu'il a consigné sur son livre
de copie de lettres, ainsi qu'il a été vérifié par un de mes
amis, cette annotation :

» Pour honoraires de l'emprunt d'Haïti (24 m^{on}, mot illi-

(1) Il était porteur des objections signées, à la date du 27 octobre 1835,
Delessert et compagnie, et J. Lefebvre.

(2) Ce récit m'a été confirmé directement par M. Ch. Baudin (lettre du
11 novembre 1825, n° 38, 1er vol. d'Haïti).

(3) *Revue des Colonies*, 7e année, p. 95.

(4) Voyez ci-après extrait de sa lettre du 3 octobre.

» sible), MM. Ternaux et Gandolphe reçurent 530,000 fr. (1),
» l'agent de change 70,000 fr., M. Isambert, pour sa consul-
» tation, refusa les 600 fr. offerts par MM. Ternaux et Gan-
» dolphe. »

Comment donc aujourd'hui M. Bissette ose-t-il imprimer (2) que j'ai confondu deux objets distincts, ma consultation relative à l'emprunt d'Haïti, qu'il affirme faussement
m'avoir été payée par MM. Ternaux et Gandolphe, et l'envoi
de 6,000 gourdes pour l'affaire de la saisie des cafés de
la république d'Haïti, par un *honorable* avocat.

Comment M. Bissette peut-il se donner ainsi un démenti
à lui-même ? Comment approuve-t-il, chez l'avocat dont il
parle, la saisie, faite contre le droit des gens, d'une propriété
publique appartenant à un État étranger, dans les ports de
France, pour un honoraire prétendu de 179,000 fr., tandis
qu'il semble reprocher à M. Isambert d'avoir profité des lar-
gesses du gouvernement d'Haïti pour une somme dix fois
moindre, due à un double titre et le plus sacré des titres,
l'indépendance d'une nation ?

Est-ce qu'il aurait approuvé M. Isambert de trouver sa
dignité satisfaite par un honoraire pareil ? Le barreau en
aurait probablement autrement jugé, et trouvé que la conduite de M. Isambert était indigne et lâche. Il valait mieux
ne rien accepter, et c'est ce qu'il a fait (3).

Haïti a depuis réparé cet oubli. Ce que nous voulons
constater en ce moment, c'est que les princes de la finance
faisaient cas de la science de M. Isambert.

Pourquoi d'ailleurs M. Bissette s'est-il préoccupé de ce

(1) Ils n'ont réellement reçu que 311,500 fr. alloués par le gouvernement d'Haïti.

(2) Page 149 de sa brochure, à la note.

(3) Les commissaires d'Haïti en furent informés. Lettres du 15 novembre et du 25 décembre 1825.

que le gouvernement d'Haïti a fait pour son conseil dans l'affaire de l'emprunt, et pour la défense des actes du président, relativement à l'avocat mécontent jusqu'à l'hostilité judiciaire du traitement qu'on lui accordait?

Serait-ce par pure curiosité? M. Bissette aurait-il la prétention de me faire exhiber les quittances des trois avocats, MM. Robion, Daviel et Mérilhou, et des trois avoués du Havre, de Rouen et de Paris employés dans ces affaires, afin de savoir, à livres, sous et deniers, ce qui m'est resté sur les 6,000 gourdes, quand il savait déjà qu'à une seule de ces parties prenantes j'avais généreusement donné 3,000 fr.? C'est M. l'amiral Baudin qui le dit (1), et j'en ai la quittance, que sans doute M. Bissette a vue dans mes papiers.

Ou bien serait-il par hasard du nombre de ceux qu'il a dépeints lui-même dans une de ses lettres, quand il m'engageait à répondre à des insinuations malveillantes semblables aux siennes?

« Il faut détruire aux colonies, m'écrivait-il le 1ᵉʳ juillet
» 1842, les bruits absurdes qu'y ont répandus les habiles du
» parti colon, que vous recevez de l'argent pour défendre les
» hommes de couleur.

» Parmi les mulâtres, il y en a qui croient à cela à force
» de l'avoir entendu dire et répéter par *nos adversaires*.
» Cette croyance est devenue chez quelques-uns un article
» de foi, et *leur tient lieu de reconnaissance*. Il y a des mu-
» lâtres qui se sont ainsi persuadé la chose pour se donner
» les airs d'une générosité, d'un patriotisme à eux ; ne *les* en
» voulez pas (*sic*), et ne vous en tourmentez pas : le monde est
» ainsi.

(1) Lettres déjà imprimées, en 1842, par M. Bissette lui-même. Dans d'autres lettres du 14 septembre, du 26 novembre et du 27 décembre 1827, M. Ch. Baudin a rendu à M. Isambert des témoignages trop flatteurs pour qu'on les répète ici.

» Il est encore des colons de très bonne foi qui répètent
» ce que les habiles du parti leur font croire; il faut détruire
» l'erreur dans l'esprit de ceux-là. N... (le rédacteur d'un
» journal fondé par les colons) est du nombre de ceux qui
» le disent et qui savent bien à quoi s'en tenir; il m'a dit, il y
» a environ un an, qu'il savait bien que tous ces bruits
» étaient sans fondement, mais qu'il convenait néanmoins
» de les répandre, dans l'intérêt de son parti. C'est le sys-
» tème de Basile : Calomniez, calomniez, etc.

» Il n'y a pas encore deux jours qu'étant à Passy, chez
» l'ancien gouverneur de la Guadeloupe, il voulut me per-
» suader, *à moi*, que j'avais été dupe, ainsi que les manda-
» taires des hommes de couleur, mes anciens collègues;
» que des sommes énormes avaient été envoyées des colo-
» nies par les mulâtres, et que vous seul en aviez profité. Je
» n'ai pu m'empêcher d'éclater d'un rire fou, qui a tant soit
» peu déconcerté mon général. Reprenant mon sérieux, et
» avec mon Barême que je possède sur les doigts, j'ai dé-
» montré à ce brave amiral qu'il était, dans cette circon-
» stance, la seule dupe de la tactique infernale des colons. Je
» n'ai pas eu grand'peine à le désabuser.

» Je dis qu'il faut détruire aux colonies une fois pour
» toutes ces bruits absurdes. »

*Reprise en 1826, par M. Bissette, du pourvoi délaissé
en 1824.*

Si M. Isambert n'avait cherché que l'éclat, il aurait pu se
contenter de la gloire acquise et des succès obtenus dans
l'affaire des *déportés;* M. Bissette et ses compagnons en y
applaudissant se taisaient, flottant entre la grâce, l'abolition et la justice étroite; mais M. Isambert voulait obtenir
la réforme de la procédure criminelle, restée soumise aux
règles de l'ordonnance de 1670, si dangereuse pour l'inno-

cenee. Cependant il ne se dissimulait pas les obstacles qu'il fallait renverser ; l'honneur d'un ministre vindicatif, qui avait supprimé le pourvoi de M. Bissette et de ses compagnons d'infortune, était intéressé à empêcher qu'il n'arrivât à la cour de cassation. Il fallait établir une lutte corps à corps avec le ministre... J'étais investi d'un office que la jurisprudence déclarait révocable à la volonté du gouvernement qui l'avait conféré. Il y avait donc témérité à l'entreprendre. Loin de pouvoir compter sur l'appui du conseil de mon ordre, j'étais certain d'être abandonné ; il m'avait déjà blâmé dans mon intervention pour les déportés de la Martinique. Il fallait l'intervention des chambres , à cause de la responsabilité ministérielle. Je n'avais donc d'autre secours à espérer que celui de l'opinion publique et du caractère sacré de la défense. M. Bissette et ses compagnons d'infortune avaient-ils une fortune à m'indemniser de la perte de mon état, si j'avais succombé avec eux , et m'en ont-ils seulement fait l'offre ?

Ne sait-on pas que j'ai été menacé de révocation administrative avant le jugement du procès, et que même après la cassation , quand je me rendais à Brest , pour voir mes clients, le garde des sceaux donna l'ordre de me faire un procès, à raison d'une question de liberté individuelle, et que si j'avais été condamné même à une amende, ma révocation, appuyée sur cette condamnation, aurait échappé au reproche d'arbitraire.

Quant à l'intérêt que M. Bissette prenait à ma situation, on peut en juger par ce singulier passage d'une lettre qu'il m'écrivit de la Guadeloupe, le 51 mars 1827, au moment où, condamné de nouveau au bannissement des colonies, il recevait la nouvelle de la poursuite très sérieuse qui m'était faite à Paris :

« Nous sommes heureux d'être pour quelque chose dans

» cette attaque, et nous nous faisons gloire qu'on ait associé
» nos noms au vôtre. Une seule chose aurait pu cependant
» nous empêcher d'en tirer vanité, si , par rapport à nous,
» vous étiez l'objet de la moindre condamnation. Je savais
» bien que Peyronnet vous garderait rancune pour nous ;
» voilà encore un nouveau sujet de vous mettre en contact
» avec lui pour la même affaire , à moins qu'elle ne regarde
» exclusivement le ministre de la marine. »

M. Fabien, auquel j'ai communiqué cette lettre dans laquelle on le faisait parler, me dit qu'il ne s'était pas félicité
du tout, non plus que Volny, d'une solidarité qui pouvait
m'être si funeste , et qui fut suivie en première instance
d'une condamnation à l'amende , heureusement effacée en
appel. Les barreaux de France, qui avaient pris ma défense
par des consultations nombreuses , en étaient alarmés.
M. Barthe s'était en vain écrié : *Isambert, que d'existences
n'avez-vous pas protégées !* il était réservé à la raison élevée,
aussi bien qu'à l'éloquence de M. Dupin, de me tirer de ce
péril, et la Cour d'appel fit un grand acte d'indépendance ,
en même temps que de justice, en repoussant cette action.

On me prêtait des sentiments séditieux qui ne furent
jamais les miens, et qui n'étaient pas ceux de l'article re-
cueilli par la *Gazette des tribunaux* poursuivie avec moi ; car
je recommandais aux citoyens l'obéissance provisoire
envers l'autorité qui procédait à l'arrestation , quand elle
avait pour organe des magistrats ou des agents revêtus
d'insignes publics ; et même à l'égard des agents de police
sans costume officiel (qu'ils ont revêtu depuis cette affaire) ;
je ne conseillais que la résistance *passive*.

Mon acquittement était donc légitime, et fut considéré
comme un triomphe de la légalité ; car M. Dupin voulait
que je prisse pour devise : *liberté individuelle*, comme il a
pris lui-même celle de *liberté sous la loi*.

Aussi tous les barreaux de France vinrent à mon aide. L'intérêt qui me fut témoigné pendant cette longue et célèbre lutte, M. Bissette le prend pour lui seul ; c'est lui qui est l'auteur de ma fortune ! Il l'imprime, et il m'accuse d'avoir manqué de désintéressement.

Indignité ! s'écrierait Volny, s'il vivait encore, lui qui m'écrivait le 7 février 1825, après un secours que M. le duc d'Orléans, Louis-Philippe (j'aime aujourd'hui à rappeler ce bienfait et le sentiment qui le dictait) lui faisait remettre, par mon entremise, après les succès obtenus dans les deux chambres, dans l'affaire des *déportés* :

« Rappelez-vous, mon cher défenseur, votre conduite en-
» vers moi ; me sachant pauvre, vous avez voulu épouser ma
» cause et me défendre gratuitement ; non content du dés-
» intéressement dont vous avez fait preuve, vous vous oc-
» cupez encore de mes moyens pécuniaires ; qu'ai-je fait
» pour mériter un intérêt si tendre ? »

Que dirait l'infortuné Fabien, s'il avait encore l'usage de sa raison, lui qui se conduisit si généreusement à l'égard des ministres de Charles X, et du comte de Peyronnet, son persécuteur, lui qui m'a été si fidèle ? (1)

M. Bissette l'accuse, dans sa correspondance, d'avoir préféré grâce à justice ; mais quand j'eus posé la question aux trois accusés, en mai 1824, M. Bissette n'a-t-il pas préféré, comme lui, ne donner aucune suite aux réquisitions que j'avais adressées le 10 et le 12 au ministre de la justice, pour que la cour de cassation fût immédiatement saisie ? Et quelles qu'aient pu être les nuances de courage entre ces infortunés, ce n'est qu'à la fin de 1825, qu'ils manifestèrent la résolution d'en revenir là.

____

(1) V. l'attestation de M. Vatimesnil, ancien ministre, aux Pièces justificatives.

M. Bissette a rendu compte lui-même, en ces termes, de ce silence de deux années :

Lettre du 21 décembre 1825, imprimée dans la Revue des colonies, *n°* 3 *et* 4, *septembre et octobre* 1840 *(l'original ne se retrouve pas dans ma collection manuscrite, si ample qu'elle soit) (1).*

Ils me disaient : « Vous ne devez pas ignorer que si notre
» affaire est tombée entre les mains de ..... cela n'a aucu-
» nement dépendu de nous. Nous nous sommes trouvés
» engagés, presqu'à notre insu, et si nous avions été livrés
» à nous-mêmes, le nom d'Isambert ne nous aurait pas per-
» mis un instant d'hésitation... La conduite qu'on a tenue
» envers vous, qui avez montré un intérêt si touchant et si
» désintéressé, est un grief de plus...

» Serait-il possible que vous fussiez sourd à la prière
» que nous vous adressons du fond de notre cachot? Le sort
» des déportés, nos compatriotes, était digne, sans doute,
» d'animer ce zèle admirable qui vous a mérité de si justes
» hommages dans les deux mondes. Comparez notre posi-
» tion ; ils étaient condamnés à vivre loin de leur patrie (au
» Sénégal), et c'était sans doute un grand supplice... mais
» du moins l'opprobre n'était point attaché à leurs pas ; la
» marque destinée au crime ne les avait pas flétris. Et
» M. Isambert nous abandonnerait ! Non, Monsieur ; et ici
» votre modestie vous abuse : non... personne ne peindra
» comme vous tout ce que notre situation a d'horrible, tout
» ce qu'il y a d'atrocité dans l'arrêt qui nous frappe.

(1) 5 vol. in-4°, de 1824 à 1830, non compris 2 vol. pour Haïti, et les volumes postérieurs à 1830.

Je n'aurais pas imprimé cette lettre, comme l'a fait M. Bissette, au moins du vivant de la personne qu'elle concerne, qui avait cru de bonne foi qu'on ne pouvait réussir que par la grâce.

» Ah ! Monsieur, c'est parce que nous pensons à nos
» femmes et à nos enfants (1), que nous voulons effacer la

(1) M. Bissette fils a écrit à M. Isambert, en 1848, qu'il eût mieux
valu pour son père et pour sa famille qu'il ne l'eût jamais connu ! Dans
cette lettre fort longue, évidemment dictée à son fils, M. Bissette ne va-
t-il pas jusqu'à dire :

« C'est au dévouement de mon père que vous devez votre place de
» conseiller à la cour de cassation ; il écrivit au roi Louis-Philippe, et
» fit signer sa lettre à tous les hommes de couleur à Paris. »

Ici M. Bissette se trouve en concurrence avec un personnage bien plus
haut placé que lui, qui, devenu mon antagoniste à la députation, disait à
qui voulait l'entendre que cette place avait été donnée à sa sollicitation.

En vérité, le roi Louis-Philippe était bien bon de distribuer ainsi ses
faveurs, sans égard au mérite et aux travaux du jurisconsulte.

Il se vante aussi d'avoir fait admettre M. Isambert à une commission
de législation coloniale, *malgré le ministre de la marine;* d'avoir solli-
cité pour lui la médaille de juillet, dont M. Isambert n'a pas voulu pour
la cause qu'on va voir, et la croix d'honneur, qu'il dòit à la demande
seule des chefs de la Cour de cassation, et qu'il avait refusée comme une
distinction prématurée sous le ministère de M. Mérilhou, en 1831 ; enfin
d'avoir fait taire plusieurs fois la calomnie, et de lui avoir servi de garde
du corps, *sans compter l'argent.*

Il ne compte pour rien les bons offices de M. Isambert, qui a ouvert sa
maison à M. Bissette pendant 15 ans, et dans laquelle celui-ci a fait connaissance avec des personnes secourables, notamment M. Ladvocat, auquel il a eu recours dans çe qu'il appelle sa misère.

Il a accablé M. Isambert de ses bienfaits ; il est intervenu dans toutes
ses affaires. — Fabien et les autres hommes de couleur ne sont intervenus
ni par leurs écrits, ni de leurs personnes dans les provocations relatives
à la question d'émancipation ! M. Isambert ne savait ni se défendre lui-
même, ni rédiger convenablement même des circulaires électorales ; par
son entremise, M. Isambert gagnait des souscriptions de 100,000 fr.
M. Bissette aurait fait à cette occasion un éloge exagéré de M. Isambert,
que cependant il a appelé en 1840 grand *jurisconsulte.* Enfin, parce
qu'en entendant une grosse calomnie, proférée devant lui, à propos
d'un arbitrage, par des *quidams* qui auraient subi, s'ils l'avaient rendue publique, toutes les sévérités de la justice, M. Bissette aurait rendu

» tache qui nous avilit ; nous ne pouvons soutenir l'idée de
» ne leur laisser pour héritage qu'un nom déshonoré.

» Et nos malheureux frères de la Martinique, qui ont les
» yeux sur vous ! Ils nous demanderont compte aussi du
» courage que nous aurons montré, et de ce que nous au-
» rons fait pour les arracher à la législation humiliante que
» l'on fait peser sur eux. Que si, par nos malheurs, nos
» noms sont destinés à nous survivre, on dise au moins de
» nous : L'orgueil en délire épuisa sur eux tout ce que la
» barbarie peut inventer d'outrage ; mais leur conduite a
» prouvé que l'honneur ne les abandonna jamais ; elle fut le
» désespoir de leurs oppresseurs.

» Pour mettre le comble à leur châtiment, que M. Isam-
» bert écoute nos supplications et accepte de nous dé-
» fendre... (1) »

A cette lettre était joint un premier pouvoir (que j'ai con-
servé) de présenter toute pétition à la chambre des pairs.

un service signalé à M. Isambert (qui n'en fut pas même informé), en la
réfutant, sachant bien qu'elle ne pouvait être vraie.

Faudrait-il donc que, par compensation, M. Isambert énumérât toutes
les occasions dans lesquelles il eut à défendre M. Bissette de différentes
imputations, et où il intervint pour lui faire donner des secours, — ou
pour le recommander ?

Mais laissons ces misères ; c'est déjà beaucoup trop que M. Isambert
soit forcé de s'expliquer sur les points touchés dans la brochure de M.
Bissette.

(1) S'il est vrai qu'il soit allé rendre visite à un des magistrats signataires de l'arrêt de 1826, pour lui dire, comme l'a rapporté M. *Pécoul,*
« *qu'il conspirait contre l'ordre établi dans le pays, et que le ma-*
» *gistrat chargé de défendre cet état social n'avait fait que son*
» *devoir en le condamnant,* » M. Bissette aurait donné un démenti à
M. de Broglie et à tous les pairs, ainsi qu'à tous les députés qui se sont
si vivement intéressés à sa défense.

Il aurait insulté gravement ses compagnons d'infortune et son défen-

« La réponse à cette lettre ne se fit pas attendre ; ajou-
» tait M. Bissette ; et, comme les signataires l'avaient prévu,
» M. Isambert accepta le mandat, et dès lors le sort des
» condamnés fut irrévocablement fixé. Le 27 janvier 1826,
» M. Isambert obtenait un premier arrêt d'admission à la
» cour de cassation ; etc. »

J'écrivais le 29 décembre au confrère qui m'avait, le
25 mai 1824, dépossédé du mandat primitif, qu'il ne m'était
moins qu'agréable de rentrer dans une carrière d'hostilité
dont il m'était si doux d'être sorti ; mais le devoir parlait
si haut, qu'il m'était impossible de refuser un tel mandat.
Je le priai de nous oublier nous-mêmes, et de réunir
nos efforts pour les sauver d'une aussi grande infortune.

Je dois ajouter que, par une lettre du 2 décembre, les
condamnés m'avaient consulté sur le conseil qu'on leur donnait de se désister de leur pourvoi, sous la promesse ver-
bale d'une grâce.

Je leur répondis, le 6, que ce désistement était de trop
de conséquence, et qu'au lieu de grâce il fallait au moins
des lettres d'*abolition*; mais j'ajoutais qu'il fallait insister sur
l'envoi à la cour de cassation, du pourvoi retenu depuis
dix-huit mois ; et, en cas de refus, annoncer au ministre
qu'on allait déposer une plainte en déni de justice.

M. Bissette remarque que M. de Broglie, à l'occasion du
procès des déportés, semblait, dans une lettre du 18 janvier 1825, me reprocher d'avoir laissé périmer l'action des

seur ; et manqué à la cour de cassation, qui a cassé son arrêt pour violation des principes du droit public français ;

Il aurait offensé la morale publique et la justice !

Au reste, il n'était que le colporteur de l'écrit qui aurait constitué
cette conspiration prétendue, cause de 213 déportations et de 7 condamnations criminelles.

condamnés devant la cour de cassation. « M. Isambert n'y était pour rien ; ajoute-t-il ; il était sans reproche. »

Sans doute, puisque cette défense lui avait été retirée.

Enfin, le pouvoir définitif pour la cour de cassation fut signé par MM. Bissette et Volny le 4 janvier ; Fabien hésita plus qu'eux, mais il signa aussi les deux pouvoirs quelques jours après.

Voici ce qu'ils m'écrivaient le 15 mai 1836, unis par une amitié fraternelle que j'ai soigneusement maintenue pour mon compte :

« Nous avons reçu avec une joie indicible la lettre que
» vous nous avez fait l'amitié de nous écrire pour nous an-
» noncer le résultat satisfaisant qu'ont obtenu nos péti-
» tions à la Chambre des pairs. Depuis près de deux ans on
» n'avait encore rien obtenu pour nous : vous, monsieur,
» par votre zèle, votre dévouement et votre courage, avez,
» en moins de quatre mois, obtenu deux succès complets
» (l'arrêt de la cour de cassation du 27 janvier, qui ordon-
» nait l'apport des pièces retenues au ministère de la jus-
» tice depuis mai 1824, et le vote de la Chambre des pairs
» du 9 juin, sur la plainte dirigée contre le ministre de la
» justice à ce sujet) ; et si nous comprenions ici la remise
» des pièces que retenait le garde des sceaux, l'envoi à la
» cour de cassation de l'arrêt officiel du 12 janvier 1824, par
» le ministre de la marine, combien aurions-nous encore
» de triomphes à ajouter à la gloire immortelle que vous
» vous êtes acquise dans cette trop malheureuse affaire !
» En vain prétendrait-on partager cette gloire ; comme notre
» défense, *elle est à vous seul*. M. Cornet, dans son rapport,
» dit que nous avons été irrésolus dans nos démarches (1) ;
» vous savez à qui nous pourrions renvoyer ce reproche. »

(1) M. de Broglie l'écrivait en 1825.

Il est vrai qu'on les trompait sur les démarches faites à la cour de cassation, et qu'on les poussait à la grâce; mais ils étaient avertis de l'inanité de ces démarches et de la nécessité d'insister au moins sur une *abolition*. Je ne pouvais moi-même les presser de préférer *justice* sans me charger d'une trop grande responsabilité et sans avoir des pouvoirs formels, qui se firent attendre jusqu'en janvier 1826. Ainsi, que M. Bissette cesse de vouloir s'attribuer un mérite à part. Si la supériorité de son intelligence et son activité lui donnent quelque avantage, les autres ont brillé par des vertus différentes qui ont autant de prix à mes yeux, et qui n'ont causé aucune division parmi leurs compatriotes.

Voici ce qu'ils m'écrivirent aussi collectivement le 8 octobre 1826, après la cassation de la condamnation afflictive et infamante, si illégalement exécutée, qui pesait sur eux.

« Nous ne saurions trop vous remercier du nouveau suc-
» cès que vous avez obtenu de la cour de cassation, des
» sentiments qui vous animent en notre faveur, et des sa-
» crifices *pénibles* que vous faites pour cette cause. »

Le relevé de ces sacrifices est fait par Bissette lui-même dans une lettre du 12 octobre. Il faut y mettre au premier rang celui de sa santé, gravement altérée, par des efforts suprêmes trop longtemps prolongés, dont aujourd'hui les effets se reproduisent avec l'âge.

Enfin « il voulait (le 15 novembre) réunir tous les mémoires et plaidoyers imprimés de M. Isambert pour en faire un monument de sa reconnaissance, comme un souvenir précieux de son noble défenseur. »

Mais que j'aime bien mieux les adieux touchants que m'adressait l'intéressant Volny, à son départ pour Haïti, où il est mort :

« Avant de m'éloigner de vous, il faut que je remplisse un devoir pénible pour mon cœur.

» Proscrits que nous étions, nous étions en France sans amis, sans consolations; nous ne cherchions qu'un défenseur, et nous trouvons un ami tendre. Qu'il est douloureux de connaître hors de son pays des hommes estimables pour ne les revoir jamais; mais aussi qu'il est doux de se faire de tels amis dans le malheur ! comme le cœur est satisfait, comme on se sent consolé!

» Quant à ma reconnaissance, je manque d'expressions pour vous l'exprimer; mais mon cœur en est plein; les marques d'intérêt que nous avons reçues mettent le comble à mes regrets; j'y ajoute un sentiment ineffaçable, et je serai fidèle à cette obligation. Mes respectueux compliments à votre aimable dame; elle a la touchante simplicité de nos dames créoles; je parle de celles qui sont bien élevées. Mes amitiés à la jeune Caroline (hélas ! que j'ai perdue) et au petit Alfred; je ne connais pas le nom de l'autre. »

Que peut-on ajouter à la naïve sensibilité de cet homme que les colons n'ont pas connu pour ce qu'il valait?

Sans doute les suffrages n'ont pas manqué au succès obtenu devant la cour de Cassation.

D'abord de la part de la magistrature suprême, soit par l'organe du ministère public, soit par celui de son éminent président.

M. Isambert s'applaudit surtout de celui qu'il obtint de M. de Broglie (1).

Quoi qu'il en soit, et dût l'amour-propre de M. Bissette en souffrir, ni le plaidoyer de M. Chauveau-Lagarde, ni le mien (2), ni le mémoire que je rédigeai et fis imprimer à la demande de mes clients, n'ont obtenu l'honneur, comme le

(1) Voyez-en la copie aux Pièces justificatives.
(2) Voyez-en le résumé aux Pièces justificatives.

mémoire des déportés, d'être placés parmi les causes célèbres.

L'intérêt public n'était plus éveillé par une affaire si labo-
rieusement prolongée, et le nouvel arrêt de la cour de la
Guadeloupe, qui remplaça, à l'égard de Bissette, par le bannissement des colonies françaises, l'atroce condamnation
antérieure, quoique déféré à la cour de Cassation par de
solides moyens, n'y fut pas réformé.

Toutes les autres demandes analogues, y compris celle
des quatre autres condamnés de la Martinique, furent re-
poussées, ainsi que les prises à partie contre M. Peyronnet
et contre le gouverneur et le procureur général de la Martinique.

On n'obtint justice que de la juridiction prévôtale, qui fut
abolie par décision de M. de Chabrol du 10 novembre
1826 (1), et des réformes pour l'avenir, dans l'administration de la justice criminelle, par l'introduction des Codes.

Ce sont des bienfaits restés obscurs pour le public.

Si plus tard M. Bissette ne s'était pas fait écrivain politique, son nom serait resté confondu avec celui des autres
victimes des préjugés coloniaux et de l'imperfection des
institutions.

Il en avait puisé la pensée dans les mémoires pour les
hommes de couleur, dont les premiers volumes ont été pu-
bliés par moi seul, mais en effet imprimés à leurs frais.
M. Bissette avait travaillé à la publication du dernier
en 1829, et l'a enrichi de portraits.

Je suis loin de refuser à M. Bissette de bonnes qualités,

____

(1) Elle m'a été notifiée le 13 mars 1827, et je me suis assuré au ministère de la marine qu'elle n'avait été autorisée, cette cour sanguinaire,
que temporairement, le 20 mars 1823, et avec de nombreuses réserves,
d'après les observations de M. de la Mardelle, maître des requêtes.

beaucoup d'intelligence et d'activité; il ne tarda pas à se mettre en rapport avec la plupart des notabilités parlementaires de l'opposition. Il montra tant de dévouement pour moi, qu'il m'eût été difficile de repousser la familiarité avec laquelle il se plaça chez moi dès son arrivée; il était bien moins circonspect que M. Fabien; mais celui-ci ne montra pas moins de dévouement, sans être aussi curieux de mes affaires.

Après la révolution de 1830, j'avais été omis dans la liste des décorés de juillet, parce que je n'étais pas du nombre des combattants ni de ceux qui se sont présentés comme conspirateurs contre le gouvernement royal renversé. Je pouvais croire que les services civils valaient ceux-là. Mais que dus-je penser quand, le 17 mai 1831, M. Bissette, voulant me suggérer d'autres titres, me manda qu'il se proposait de remettre au roi, à son retour à Paris, un placet dans lequel il serait dit, comme il l'avait fait au président de la commission, « que j'étais armé d'un sabre, et que sur » la place Vendôme, dans la journée du 29 juillet, j'embau- » chais avec lui les troupes, » ajoutant que j'étais par trop modeste.

Or, la vérité pure est que ce jour-là je m'étais promené sans armes avec M. Bissette, et que nous avions entendu seulement siffler les balles et vu des blessés.

Il se proposait de voir M. Guinard, président de la commission, et il espérait que je serais dispensé de passer à l'examen devant le jury.

Je ne voulus pas de la décoration à ce prix.

Lors de la provocation qui me fut adressée par un magis-trat colonial, à l'occasion d'un discours à la Chambre des députés sur les douleurs de l'esclavage et la nécessité de l'abolir, il voulut bien, avec Fabien et les autres hommes de couleur, me servir de bouclier contre toute attaque violente ; le mérite n'était pas grand, il ne s agissait pas d'une querelle privée, mais de leur cause.

D'abord M. Bissette regardait les duels comme un moyen de fusion aux colonies (20 juin 1833). Mais après son duel avec Cicéron, qui s'était vanté de l'immoler aux passions de son parti, il m'écrivit : « Je me suis battu, j'ai cédé à un » préjugé ignoble ; je ne me battrai plus ; donnez-moi là- » dessus votre avis (10 septembre 1834). »

Avais-je besoin, moi magistrat, de le lui dire ?

Fabien lui rendit dans cette circonstance un service si- gnalé ; « il eut, dit la lettre, l'heureuse idée de désigner une arme qui n'était pas familière à mon agresseur, » sans quoi M. Bissette croit lui-même que c'en était fait de sa vie.

A cette époque, M. Bissette était encore très modeste ; dans une lettre du 13 juillet 1834, il me remerciait des en- couragements que je donnais à sa publication : « Si je sais » quelque chose, écrivait-il, si je fais bien, c'est à vous que » je le dois ; c'est à votre école que j'ai puisé, sous la Res- » tauration, le peu que je sais en politique. Depuis, si nous » ne nous sommes pas toujours trouvés d'accord, c'est que » j'ai plus d'exaltation dans l'esprit que vous ; cela tient un » peu à mon tempérament, et peut-être aussi au pays où je » suis né... Nos discussions parfois vives sur la politique » d'Europe n'ont jamais altéré la reconnaissance que je » vous dois. Laissons de côté Robespierre et Marat, et que » ces bonnes gens sommeillent là où ils sont. »

Il m'écrivait le 25 septembre 1835 :

» Je n'ai jamais douté de vos sentiments pour moi ; si je » vaux politiquement quelque chose aujourd'hui, c'est à » vous que je le dois, c'est à votre constante persévérance à » réclamer justice de l'iniquité des prétendus juges de la » Martinique, que j'ai acquis une certaine valeur dans le » monde politique. Avec tout autre que vous, voire même...

» lui-même, l'arrêt de la Martinique cassé, tout eût été fini
» pour les victimes, et l'avocat seul eût profité de cette af-
» faire célèbre. Il n'en a pas été ainsi, et le triomphe de l'a-
» vocat des *déportés* a fait la fortune politique de ses clients;
» pour ma part j'en sais quelque chose et c'est ce dont (*sic*)
» je n'oublierai jamais. Il a fallu tout votre courage et tous
» vos efforts, etc. »

Nos relations ont continué sur ce pied jusqu'en 1841,
mais je dois ajouter, que si en 1839 il consentit à se faire
mon champion contre M. de Mauny, ce fut un acte collectif
avec Fabien, que tous les jeunes gens de couleur à Paris se
réunirent pour ma défense, et que neuf jeunes gens d'Haïti
se joignirent par une adresse du 6 février à celle de leurs
frères des colonies françaises.

Ainsi qu'il l'avoue lui-même, il était passé à un état de
grande excitation politique; je n'avais pas assisté avec lui au
convoi du général Lamarque, mais je m'étais expliqué la
perte de son grade d'officier dans la garde nationale (1); au
lieu de la doctrine de résistance passive envers l'agression
illégale et de l'obéissance provisoire à l'autorité responsable,
que j'avais soutenue en 1827 et qui avait été le sujet d'un
procès fameux, il voulait (le 17 mai 1832) que je revendi-
quasse le mérite d'avoir démontré que la rébellion est légitime.

J'avais promis ma collaboration à sa *Revue,* mais quand
je vis la violence de la rédaction, je me décidai bien vite à
n'y plus concourir, et il en fut blessé. J'en serais devenu le
bailleur de fonds; car il débutait, le 10 septembre 1834, par
une demande de fonds. Je ne sais, au reste, si cette feuille n'a
pas fait plus de mal que de bien à la cause de l'émancipation.

(1) Je puis en parler, puisque dans son mémoire, il se plaint d'avoir
été à cette époque, menacé d'arrestation.

Néanmoins, nos relations étaient encore assez grandes pour qu'il essayât sur moi cette domination qu'il exerçait sur ses jeunes compatriotes. Il me représentait sans cesse les chefs de l'opposition dont je faisais partie, comme des hommes trop timides, dont je devais me séparer. J'avais besoin plutôt de conseils contraires. Dans la position où j'étais, j'aurais eu plus de crédit, et j'aurais rendu plus de services à mon pays.

Je résistai néanmoins, et pour ne pas rompre avec un homme qui se croyait devenu puissant sur les colonies par le journalisme, malgré les interruptions fréquentes de sa publication (à Paris elle était nulle), il me fallut recourir à des ménagements : ceci explique le ton de cette partie de ma correspondance antérieure à la révolution de 1848, qu'il a publiée comme une preuve de mon admiration pour lui, et qu'il considère comme la sanction de ses prétentions.

A l'occasion de la rupture de 1841, je lui demandai la lettre de M. de Broglie (d'octobre 1826), et la correspondance passée entre ses mains à mon insu, parce qu'on s'était plaint à moi de la communication de ces pièces.

Il répondit, le 1er août, évasivement au sujet de la lettre de M. de Broglie, supposant qu'il s'agissait de la copie, ou que je me plaignais de sa publication, et ajouta : « Les au- » tres correspondances passées dans mes mains à votre » insu, sont sans doute les différents dossiers que vous » m'avez remis concernant mon affaire et quelques autres » des colonies, à savoir Aug. C., Sylvestre L., etc. D'où vient » donc qu'aujourd'hui vous pensez à réclamer des pièces » qui sont devenues ma propriété (1)? J'ai fait relier en un » seul volume in-4° toutes les lettres écrites dans l'affaire » de 1824-1826. Je les ferai imprimer un jour avec des » notes, et je n'aurai pas besoin de l'autorisation de per-

(1) S'il s'agissait du dossier le concernant, soit ; mais les autres!

» sonne... c'est ce que j'ai commencé dans le numéro d'oc-
» tobre 1840 de la *Revue*, à l'article *Souvenirs de 1825-1826*. »

« Il y a des choses que je supprimerai, parce que ce sont
» des personnalités blessantes pour des tiers. »

Or, précisément il se trouve que sur trois lettres publiées,
deux contiennent des personalités très offensantes pour ces
tiers, et des révélations qui n'auraient pas dû voir le jour.
Les originaux de ces trois lettres m'appartiennent, puisqu'elles ne sont adressées qu'à moi ; je ne les ai plus,
quoique je sois certain de ne les avoir pas données (1).

M. Bissette a-t-il le droit de publier des lettres qui ne lui
appartiennent pas ou qui sont relatives à des faits étrangers
à sa personne, comme il l'a fait dans sa brochure, en ce qui
concerne l'affaire d'Haïti ?

Quel rapport y avait-il entre ces faits et sa querelle avec
M. Schœlcher ?

Il supposait alors, contre toute vérité, que « ses compatriotes étaient venus avec le père Fabien me faire des pro-
positions, » et que j'aurais dû les éconduire brutalement, en
leur disant que, sans lui, l'affaire de 1824 n'aurait pas eu
cet éclat dont nous sommes tous fiers.

Je l'aurais volontiers laissé se grandir autant qu'il l'aurait
voulu, et qu'il l'a fait dans son adresse aux électeurs de
Paris en 1848, pourvu qu'il ne voulût pas me rabaisser, et
mêler des questions d'argent à mon ministère.

Car rien ne m'est plus antipathique ; ce sont des questions
qui salissent. Que n'a-t-on pas insinué à l'égard de l'illustre
Wilberforce, auquel je suis loin de penser à me comparer,
pour ses liaisons avec l'empereur *Christophe ?* M. Bissette,
en 1842, n'en a-t-il pas signalé le danger ?

Le devoir d'un avocat est de défendre gratuitement les

(1) Sauf la lettre de M. de Broglie, que je lui ai confiée en 1826, et
qu'il paraît avoir remise, avec celle de M. Siméon, le 23 mars 1827, à
M. Foignet, son défenseur à la Guadeloupe.

malheureux ; de ne recevoir d'honoraires qu'en proportion de l'importance des affaires et de la fortune de ses clients, et dans tous les cas de ne jamais les demander dans une forme incompatible avec sa dignité.

Sous la Restauration, M. de Peyronnet eut la curiosité de faire venir une de mes clientes pour savoir si je ne lui avais pas fait payer des honoraires excessifs, pour un mémoire qui avait fait du bruit à Marseille. Elle lui répondit qu'il ne lui avait rien coûté. Plus tard, un de mes clients ayant réclamé du ministre de la guerre une indemnité à raison d'honoraires assez considérables qu'il aurait eu à me payer, une enquête fut faite par le conseil de l'ordre, qui constata que je n'avais rien demandé de semblable, et que j'étais très insuffisamment payé de travaux considérables dans une affaire de comptabilité. On rendit pleinement hommage à mon désintéressement.

Que serait un avocat qui ne serait jamais payé? Comment pourrait-il vivre, élever sa famille, et défendre gratuitement les malheureux? Le public ne pourrait pas compter sur son zèle et son dévouement.

Ai-je jamais réclamé de M. Bissette et de ses compagnons d'infortune aucun honoraire? En ai-je même réclamé du gouvernement d'Haïti, qui m'était tant obligé dans l'affaire de l'emprunt?

M. Isambert ne professe pas ces principes en théorie ; il les a pratiqués, et la preuve en existe dans l'affaire même de M. Bissette, *ab initio*. Lorsqu'on lui retira les pouvoirs qui lui avaient été remis et d'abord ratifiés, on lui écrivit : « Au surplus, vous serez récompensé de vos peines, et même *récompensé généreusement*. » Aussitôt M. Isambert répondit: « Je n'appelle pas une peine le ministère sacré que nous » exerçons dans une pareille circonstance, et en agissant » comme je l'ai fait, ce dont je me suis occupé le moins, *c'est* » *de l'argent*. Je trouve une récompense suffisante dans l'ex-

» pression de la reconnaissance de ces infortunés. Vous
» dites que si j'y consens, vous serez charmé de profiter de
» mes recherches et de mes travaux. Je tiens àvotre dispo-
» sition, etc. » (Lettre du 26 mai 1824.)

M. Bissette a reçu copie de cette lettre expédiée de Paris,
le 27. Quand, plus tard, il a fait *spontanément* un envoi de
fonds, avec le regret de ne pouvoir alors davantage, n'ai-je
pas répondu immédiatement pour calmer ses scrupules, et
pour déterminer l'emploi de ces fonds pour le succès de sa
cause? Et il ose imprimer en 1850 : « Quant à ce qui me con-
» cerne personnellement et mes amis d'infortune, M. Isam-
» bert sait très bien qu'en ce temps-là tous les avocats ne
» défendaient pas *gratis*, comme aujourd'hui, *les accusés*
» *et les condamnés politiques* » (1).

Puis-je me taire en présence d'une imposture si auda-
cieuse! ou si ces paroles s'adressent à autrui, ne pas me
plaindre de la perfidie de l'équivoque?

Il sait mieux que personne, et il l'a imprimé plus d'une
fois, que nul n'a montré plus de désintéressement dans
la défense des condamnés politiques et des malheureux.

A la mort de M. Eriché, l'un des déportés, celui que je ne
crains pas de proclamer le caractère le mieux trempé
dans cette foule de victimes des proscriptions de 1824,
on trouva dans les papiers de sa succession vacante, des
notes relatives à la répartition des frais que les déportés avaient faite collectivement entre eux en septembre 1824.

(1) « Je remercie M. Bissette de son mandat; je le prie de croire que
cet envoi n'était pas nécessaire pour stimuler mon zèle. Je ne l'accepte,
que parce que je suppose que M. Volny et M. Fabien ne manquent d'aucune chose essentielle à leur bien-être. » (Lettre du 30 avril 1826.)

« J'userai au surplus de votre argent pour mettre au grand jour, dans
un imprimé, l'histoire de votre longue infortune, et j'espère celle d'un
triomphe qui ne peut être éloigné. » (Lettre à Fabien du 27 mai.) Cette
promesse a été amplement remplie; les frais d'impression seuls s'élèvent
à plus de 3,000 fr.

Par un abus de confiance du curateur aux successions vacantes, on communiqua ces papiers aux journalistes sou-
doyés par les colons, qui m'attaquaient avec un cynisme,
révélé dans la lettre de l'un d'eux à M. Huc, le 20 décembre 1842, et aux délégués des colonies ; on les montra
à M. Schœlcher dans son voyage à la Martinique (1).

Jamais personne n'a pu y découvrir le sujet d'une inculp-
pation ; mais on voulut en tirer l'induction que M. Isambert
était soudoyé par les hommes de couleur et les noirs pour
travailler à l'œuvre de l'émancipation, afin de justifier les
charges qu'on leur imposait en doublant le traitement des
délégués, et en affectant des fonds extraordinaires pour
payer les journaux défenseurs de l'esclavage.

On y trouva aussi une lettre que M. Bissette avait eu
l'indiscrétion d'écrire sur une affaire de mon cabinet, à l'é-
poque où, en mon absence, il s'y était installé presque en
permanence, et y donnait, pour ainsi dire, des ordres (2).

M. Bissette, quoique alors bien refroidi avec moi, c'était
à la fin de 1841, comprit qu'il était de son devoir de
réparer sa faute ; il menaça le journaliste qui se prévalait de

(1) Voyez l'attestation de M. Schœlcher aux pièces justificatives.

(2) Lettre de Bissette, 3 octobre 1827 :

« Mon cher Isambert, quoique je ne vous aie pas écrit depuis votre
départ, je ne vous ai pas perdu de vue un seul instant ; je suis tous les
jours chez vous, et m'occupe avec intérêt de tout ce qui vous concerne.
— Il est vrai que j'avais promis à M. Lucas (mon secrétaire) de vous
écrire au sujet de votre lettre à M. B., agent de la république d'Haïti ;
et j'avais même pris sur moi d'en suspendre l'envoi, parce que M. B.
paraissait se reprocher sa conduite sur les éloges que je faisais de votre
beau caractère et de votre générosité... Vous m'aimez trop pour que je
puisse douter que vous m'en voudrez (sic) de m'être initié dans une
affaire qui ne me regardait pas. »

C'est pendant cette absence (le 24 septembre) que M. Bissette écrivit,
sur mes relations avec Haïti, à M. Ériché la lettre erronée, trouvée dans
la succession vacante de ce dernier, dans laquelle il était parlé d'un
envoi de dix mille, au lieu de six mille *gourdes*.

cette lettre d'une affaire personnelle s'il en faisait usage (1).

Il fit plus, et prit à partie le délégué des colonies, qui avait publié à ce sujet des attaques calomnieuses; il prétend aujourd'hui que ce fut à ma sollicitation ; mais ses deux premières lettres furent publiées sans *m'avoir été communiquées*, ainsi que le prouve la fin de ma lettre du 4 juillet 1842, qu'il supprime aujourd'hui sous prétexte d'insignifiance, et je fus obligé d'y relever une erreur grave.

J'avais moi-même répondu à cette attaque parlementaire par une lettre du 20 juin 1842, quoique par un billet antérieur M. Bissette m'eût écrit, que pendant qu'il était en verve il voulait faire une gentille réponse à la brochure de ce délégué, dont il me demandait un exemplaire ; mais il ne réalisa son projet qu'après la publication de ma propre réponse, ainsi qu'il m'en avertit par une lettre du 19 juin, dans laquelle il se plaignait d'ailleurs de sa détresse financière.

Dans sa lettre du 22 juin, contenant l'envoi de sa première lettre au délégué, il m'annonce qu'il adresse sa plainte au ministre de la marine sur la violation de sa correspondance privée et confidentielle. L'erreur que j'avais signalée à

____

(1) Il me communiqua, le 19 janvier 1842, la lettre qu'il avait écrite spontanément à ce journaliste le 28 décembre :

« Les bonnes relations qui existent entre nous m'ont empêché, jusqu'à présent, d'intervenir dans votre polémique avec M. Isambert (que d'ailleurs je ne vois pas depuis six mois). Les communications que vous m'avez faites sur certaine correspondance avec la Martinique, au sujet de la reddition des comptes des déportés de cette colonie (ils étaient absolument étrangers à la catégorie de M. Bissette), correspondance que vous m'avez déclaré vous-même tenir pour *parfaitement insignifiante et inoffensive*, m'autoriserait néanmoins à rompre notre traité de paix, si le journal que vous dirigez essayait de donner à cette correspondance une interprétation malveillante. »

Cela n'empêcha pas ce délégué d'y faire allusion, dans ses discours à la Chambre, les 28 et 30 mai 1842, et d'ajouter sur l'épreuve du *Moniteur* des choses qu'il n'avait pas dites à la tribune.

M. Bissette ne fut relevée que dans sa troisième lettre du 6 juillet, dont je crus devoir payer un nouveau tirage nécessité par une nouvelle erreur (1).

Au reste, M. Bissette eut alors la loyauté d'imprimer textuellement ma lettre du 4 juillet, contenant les attestations de M. Baudin, aujourd'hui vice-amiral, relatives à ce désintéressement qu'il suspecte aujourd'hui.

M. Bissette était alors si désireux de m'être agréable que, par une lettre du 31 août, il me pria de lui envoyer un écrit d'un sénateur d'Haïti, qui avait essayé de m'outrager à l'occasion de conseils que je lui donnais confidentiellement sur les fautes commises par son gouvernement, et qui nous faisaient craindre la catastrophe arrivée bientôt au président Boyer.

Ce sénateur, je l'ignorais, était un de ces serviles qui perdent les gouvernements qui acceptent leurs conseils.

M. Bissette voulait lui répondre, mais je n'acceptai pas son offre, et voici pourquoi.

Il le qualifiait de *grand* par la grâce des massacres et des incendies, « ce dont (*sic*), ajoutait-il, je suis loin de blâmer » comme raison d'État, comme nécessité politique et comme » loi de circonstance imposée par le salut public. L'histoire » nous apprend que toutes les transformations sociales ne » se sont jamais opérées sans que l'humanité ait eu à en » souffrir. C'est en ce sens bien entendu que je ne blâme » pas les rigueurs salutaires de Saint-Domingue. L'humanité » avait eu à souffrir de l'oppression qui pesait sur la race » nègre, il fallait cette oppression pour le maintien de » l'esclavage, de l'esclavage avec toutes ses horreurs, et de

____

(1) Avouée dans un billet du 15 juillet. J'entre dans ce détail pour réfuter M. Bissette, qui prétend aujourd'hui qu'il n'entreprit cette polémique qu'à ma sollicitation.

» la domination des blancs à Saint-Domingue. Les incendies
» et les massacres furent donc une nécessité pour détruire,
» pour transformer l'ancien ordre de choses à Saint-Domin-
» gue, et M. *** et ses amis purent être sénateurs et prési-
» dent de république. Il est plus qu'étrange que ceux qui
» jouissent aujourd'hui des avantages qu'ont procurés les
» incendies et les massacres en jettent l'odieux sur ceux qui
» ne les ont jamais conseillés, sur ceux qui, *comme vous*,
» sont attachés à un ordre d'idées, erronées suivant moi,
» mais charitables et humaines, puisqu'ils croient de bonne
» foi que les transformations sociales peuvent se faire sans
» guerre, sans martyrs, et sans que l'humanité en ait à souf-
» frir. Ceux qui pensent comme moi ne sont pas plus parti-
» sans des guerres et des massacres que vous, mais ils sont
» à cheval sur l'histoire. »

Il ajoutait dans cette lettre : « Une révolution n'est pos-
» sible que par les nègres ; ils sont aujourd'hui les seuls
» aptes à opérer ce grand œuvre. Dans cette question, mon
» parti n'est pas douteux, je suis du côté des nègres contre
» les mulâtres (1). »

Je ne pouvais admettre ces dangereuses maximes, et je
me suis tu (2) ; j'ai été récompensé de ce silence par une
réfutation bien plus haute et bien plus satisfaisante, qu'on
trouvera à la fin de cet écrit.

Pour en finir avec les souscriptions auxquelles M. Bissette
a voulu m'associer en altérant ma lettre du 2 juillet, je
dirai que depuis 1830, où j'ai cessé ma profession d'avocat,
je n'ai pas reçu un denier, et n'ai laissé à mon successeur

(1) Qu'on médite ces paroles.

(2) Dans une deuxième lettre du 2 septembre, M. B. trouva lui-même
que j'avais raison ; les événements ne l'ont d'ailleurs que trop prouvé.
Un an ne s'était pas écoulé, qu'un gouvernement ainsi défendu était renversé.

(M. Galine), rien à répéter de ce qui pouvait m'être dû de la part des déportés (1).

Que M. Bissette ait, avant cette époque, avec ou sans mon concours, essayé une souscription pour me rendre éligible, comme il l'a fait pour lui-même en 1852, d'après l'attestation de M. Pory-Papy, et qu'il existe une lettre de Saint-Thomas du 29 mai 1830, sur sa *sublime pensée*, toujours est-il que M. Isambert n'a rien touché de cette souscription qui n'a pas été réalisée, et qui ne dut pas avoir de suite, puisque, dès le 6 avril 1830, il était, par contrat notarié, devenu à Paris propriétaire d'une maison qui le rendait éligible.

Mais qu'est-il besoin d'insister? M. Bissette m'a écrit lui-même, le 4 janvier 1842 :

« Je défie bien L..., ni aucun député, de montrer une » seule ligne de moi qui fasse mention de souscription *dans* » *le sens dont on vous a parlé.*

» Je serai prêt pour l'audience (il était poursuivi en dif- » famation); je ne pense pas que le tribunal me refuse la » parole pour expliquer les faits, si l'on donnait lecture de » ma lettre à l'audience. Ce que j'expliquerai ne pourra que » tourner à la confusion de ceux qui se serviront de lettres » qui me font le plus grand honneur.

M. Isambert s'est contenté des hommages des hommes de couleur; et il est fier de leur expression. Voici ce qu'é-crivaient, le 8 octobre 1829, plus de cinquante notables de la Martinique, notamment MM. Ch. Téléphe, Pory-Papy, Berne, Sence, les Procope et autres :

» Il est temps de rompre un silence qui nous pèse. Nous » avions espéré que des jours meilleurs nous mettraient à

(1) J'ai encore dans les mains les engagements que m'a spontanément envoyés le courageux *Hilaire-Laborde*, réfugié en Haïti, où je lui ai écrit de ne point s'en inquiéter,

» même de vous rendre un digne hommage ; mais qu'il nous
» soit permis, en attendant, de vous dévoiler des cœurs où
» vous régnez par d'éclatants bienfaits, et que la reconnais-
» sance vous attache par des liens indissolubles.

» Vous n'avez pas besoin de nos imparfaits éloges ; nos
» faibles voix seront à peine entendues dans le concert de
» louanges que vous décernent de toutes parts, et à si juste
» titre, tous les amis de l'humanité, tous les êtres souffrants
» et tous les cœurs généreux. Quelle plus noble carrière fut,
» en effet, parcourue ! Quel sublime exemple de vertus lais-
» serez-vous à la postérité étonnée ! Rien ne manque à votre
» gloire, pas même les persécutions que vos vastes connais-
» sances et votre inflexible courage vous ont méritées ! O
» homme envoyé de Dieu, les hommes de couleur vous ré-
» vèrent, et des larmes de reconnaissance mouillent nos
» yeux à votre souvenir. Dès le berceau nos enfants appren-
» nent à chérir et à respecter le beau nom d'Isambert, notre
» glorieux Palladium.

» Ah ! si jamais nous sommes régénérés, c'est à vous prin-
» cipalement qui avez secondé et hâté la marche du temps,
» que nous devrons cet inestimable avantage ; il ne vous res-
» tera plus qu'à satisfaire le besoin impérieux auquel notre
» vie entière sera consacrée, en vous témoignant dignement
» les sentiments dont nous sommes pénétrés, et que nous
» léguerons à nos neveux.

» Recevez les vœux que nous formons avec ardeur pour
» votre bonheur et votre conservation, ainsi que les béné-
» dictions d'un peuple dont toutes les joies vous sont dues.

» Nous sommes, avec amour et vénération, etc. »

Nous ne voulons pas rechercher ce qui les avait empêchés
de rompre plus tôt ce silence.

Du reste, cet intérêt ne se ralentit pas. Sous le dernier
gouvernement, dans l'affaire de la Grande-Anse, de nom-

breuses condamnations (quatre-vingt-huit) étaient interve-
nues, comme aujourd'hui, dans le procès de la Guadeloupe.

M. Ch. Téléphe, beau-père de M. Perrinon, m'écrivait à
ce sujet, le 10 avril 1835 :

« Organe de ceux que vous défendez gratuitement depuis
» nombre d'années, je vous prie, au nom de *tous*, de vouloir
» bien agréer le tribut de reconnaissance que vous méritez
» à tant de titres. Votre lettre, monsieur et illustre député,
» en ramenant l'espoir (complétement réalisé : ordonnance
» du 29 avril et du 28 novembre 1836 ; des secours d'argent
» leur furent même accordés le 12 janvier 1837) dans le cœur
» de tant de mères et d'épouses éplorées, a séché bien des
» larmes. Puissent-elles être les dernières que votre main
» bienfaitrice aura essuyées des yeux des malheureux qui
» habitent ce sol travaillé par des passions aussi haineuses
» qu'impolitiques ? »

Quant au reproche de n'être pas prêteur, c'est un éloge
pour le père de famille, obligé de se défendre contre les exi-
gences de certains emprunteurs. Ce reproche est d'ailleurs
étrange de la part de M. Bissette, vis-à-vis de celui dont il
est resté pendant dix-huit ans, pour la pension de ses filles,
débiteur de sommes bien supérieures aux prêts dont il
publie les quittances. Il est extraordinaire surtout de la part
de celui qui, à propos du prêt de couverts d'argent, dit *aujourd'hui* qu'il avait mis les siens au Mont-de-Piété (1).

M. Bissette est trop connu comme emprunteur, et de trop
de personnes, et il me faudrait entrer dans trop de détails,
pour que je m'y arrête.

Je ne veux pas même remonter aux causes de cette misère
dont il parle tant, ni rappeler les souscriptions de 1827,

____

(1) Voyez page 21 de sa brochure.

de 1828 et de 1829, et l'indemnité de 1830, dont les chiffres me sont connus, ni y faire intervenir le nom de M. Fabien. A cette époque au moins, les hommes de couleur ne méritèrent pas les reproches qu'on leur adresse aujourd'hui, de n'avoir pas continué une souscription annuelle que l'on porte pour la première fois à 6,000 fr.; elle aurait dû être double en y comprenant M. Fabien, qui fut toujours associé à M. Bissette dans leur reconnaissance.

Je n'ai qu'un mot à dire du prêt, dont M. Bissette publie la quittance, parce que la somme est minime, ayant été substituée à une plus forte qu'il demandait, remboursable sur une *souscription* d'Haïti (Lettre du 8 janvier 1843).

Le libellé de cette quittance, il est vrai, ne plaît pas à M. Bissette, parce qu'elle n'est pas semblable à celle qu'il sollicitait, je ne sais dans quelle vue de spéculation à l'égard des noirs, dans les termes suivants (Lettre du 21 février 1850).

« Si j'ai tendu la main, ce n'était pas pour moi, c'était
» pour mes frères qui étaient dans l'esclavage. Ces hommes
» noirs, aujourd'hui affranchis, veulent s'acquitter envers
» leurs bienfaiteurs ; ils veulent acquitter la dette que j'ai
» contractée en leur nom, et me chargent de faire tenir à
» chacun le montant de son secours philanthropique.»

Cette fiction me parut un peu forte ; pour moi, j'aime les nègres et les mulâtres, parce que ce sont des populations longtemps asservies, mais je ne les ai jamais exploités.

Qu'il me soit permis de terminer ces explications par un témoignage porté de haut, par un chef d'État, à l'aurore d'un nouveau gouvernement : le président d'Haïti, Hérard, dans une lettre manuscrite, publiée ensuite par l'imprimerie nationale du Port-au-Prince (1), m'écrivait :

« Nous avons pleuré de douleur et de honte à la publica-

(1) Lettre du 27 mars 1843.

4

» tion du pamphlet diffamatoire de M. B. A. en forme de
» commentaire de la lettre que vous lui adressâtes (et qui
» était confidentielle). Ici tous les vrais philanthropes, tous
» les amis de la justice et de la légalité, tous les amis de la
» vérité et des progrès ont lu M. B. A. avec indignation, et
» ont fait la part à ses fausses doctrines, à ses paroles hypo-
» crites, à ses perverses insinuations. Ils ont vu avec horreur
» outrager si audacieusement et si gratuitement un ancien
» et constant défenseur des Haïtiens, un ami sincère, géné-
» reux et dévoué de la malheureuse race africaine.

» Mais, monsieur, c'est le sort de la vertu d'être ca-
» lomniée.

» Aux persécutions des propriétaires d'esclaves, et des
» marchands de chair humaine, il vous manquait les diffa-
» mations et les outrages d'un homme de l'origine nègre ! »

Ces paroles seront, dans tous les cas, ma consolation.
Recevez, mon cher représentant, l'expression de mon ancienne amitié.

ISAMBERT,

Ancien député de la Vendée, représentant à la Constituante,
conseiller à la cour de cassation.

PIÈCES JUSTIFICATIVES.

Résumé du plaidoyer de M. ISAMBERT, à la chambre criminelle de la cour de cassation, le 29 septembre 1826. [*Gazette des tribunaux* du 30 (1)].

« Voilà, messieurs, l'histoire de ce grand procès, de
» cette conspiration morale permanente, qui a commencé

(1) On publie cette pièce pour prouver sinon à M. Bissette lui-même, mais à tous les amis de la justice, la légitimité des griefs invoqués à l'appui du pourvoi qui a triomphé.

En sortant de l'audience, M. Isambert, encore tout ému, se laissa, dans la rue des Prouvaires, prendre par les extrémités d'une voiture, qui le pressa contre les vitraux de la boutique d'un pharmacien, qui cédèrent heureusement. La *Gazette des tribunaux* disait, le 1er octobre : « Nous sommes heureux d'annoncer que l'état de M. Isambert ne donne plus d'inquiétudes. La nuit dernière il avait éprouvé deux faiblesses ; la journée a été bonne. » Il fut alité pendant trois semaines, et partit pour Brest. Dans son voyage, il fit à Rennes une démarche importante avec M. Bernard, son collègue, aujourd'hui conseiller à la cour de cassation, contre l'entérinement de lettres de grâce accordées à la négresse *Lambert*, qui ne les demandait pas. A Brest, il dirigea la défense, et publia un Mémoire pour les jeunes gens arrêtés par suite des troubles de la mission. Il défendit avec un succès d'enthousiasme un soldat de marine, accusé, devant un conseil de guerre mixte, d'un crime prévu par une loi qu'il fit déclarer abrogée, et qui a été remplacée par la loi plus humaine du 15 juillet 1829. Il fut l'hôte de la ville de Brest ; et enfin, il put se concerter avec ses clients pour leur défense ultérieure devant la cour de cassation de la Guadeloupe, où ils étaient renvoyés par l'arrêt de cassation. — Il ne put assister à leur embarquement, étant rappelé à Paris par le procès que lui avait, dans l'intervalle, suscité M. de Peyronnet.

» quatre ans avant l'arrestation de Bissette, c'est-à-dire
» en 1820, époque où M. de la Mardelle a reçu du roi lui-
» même, par une ordonnance du 22 novembre 1819, la
» mission spéciale de se rendre à la Martinique pour étudier
» de près les abus, et pour en indiquer le remède.

» Les hommes de couleur, en signalant ces abus, n'ont
» fait que remplir les devoirs de fidélité envers leur bien-
» aimé souverain, et faire ce qu'ils se devaient à eux-mêmes
» en se montrant dignes au moins de la liberté civile, qui
» leur a été garantie par le Code noir.

» Voilà la véritable cause des déportations de 1823, et de
» la condamnation des sept, compris dans l'arrêt du 12 jan-
» vier 1824.

» Ces hommes, qui, depuis deux ans et demi, attendent,
» à Brest, le jour de leur délivrance, sont victimes de leur
» dévouement à la mère patrie, de leur amour pour le pays
» ingrat qui les a vus naître; ils sont les martyrs de la
» liberté civile et des droits imprescriptibles de leur classe;
» on les traite de conspirateurs, et ils n'ont pas même
» réclamé les droits politiques que l'Assemblée coloniale
» souveraine de 1792, par son arrêté du 3 juin, leur a
» spontanément accordés, en *prenant l'univers à témoin de*
» *sa reconnaissance envers les hommes de couleur.*

» Aujourd'hui, on les signale comme les ennemis des
» blancs, et ils leur ont sauvé la vie au Mont-Carbet : et
» Bissette, le plus coupable d'entre eux, a marché le premier
» contre les esclaves révoltés; le jour même où sa mère
» rendait le dernier **soupir**, il s'arrachait de son lit de mort.
» L'infortuné! Six mois après, il allait presque porter sa tête
» innocente sur l'échafaud; il a été flétri au milieu d'une
» population consternée, ainsi que ses deux compagnons
» de malheur, au mépris des droits de la clémence et de la

» justice du roi, formellement consacrés par l'ordonnance
» du 5 mai 1750 ; et, depuis deux ans et demi, ils at-
» tendent, privés de leur liberté, une justice qui, pour le
» dernier des criminels, ne se fait jamais attendre plus d'un
» mois.

» Que d'obstacles il leur a fallu surmonter pour arriver au
» grand jour de la justification ! Que de peines pour désa-
» buser les ministres sur une fatale erreur, pour éclairer
» la Chambre des pairs sur le malheur de leur situation et
» sur leur innocence, et enfin pour faire apporter devant
» vous cette procédure, qui est le témoignage le plus écla-
» tant de leur innocence !

» Messieurs, vous allez sans doute la proclamer. Cette
» procédure est infectée de vices capitaux : des juges choisis
» en première instance ; la partie publique siégeant comme
» juge et rapporteur ; le refus d'admission des faits justifi-
» catifs, à cause de la nécessité alléguée de mettre une
» prompte fin au procès ; point de débat contradictoire,
» point de publicité (si nécessaire aux accusés), point de
» défense aux conclusions définitives du procureur-général ;
» point de signature qui constate que les juges ont pesé la
» condamnation au poids de leur conscience ; la loi pénale
» qu'ils ont appliquée, inconnue aux habitants de la colonie
» et aux magistrats eux-mêmes (puisqu'elle n'a point été
» enregistrée dans les tribunaux), et suscitée pour le besoin
» de la cause ; un fait innocent enfin, transformé pourtant
» en crime capital !

» Vous casserez, messieurs, le déplorable arrêt qui con-
» sacre tant d'erreurs : il le faut pour l'honneur du *siècle*,
» pour l'honneur de la couronne, pour l'intérêt de la justice,
» pour l'intérêt des habitants des colonies, qui ont besoin
» d'être rassurés contre les actes d'un pouvoir aussi arbi-

» traire et aussi dangereux : eux-mêmes ont demandé des
» garanties contre cet arbitraire (1).

» La pétition de nos infortunés clients eût-elle trouvé des
» défenseurs parmi les nobles pairs ; le rapporteur de la
» Commission eût-il dit qu'ils avaient éprouvé, non toute la
» rigueur des lois en vigueur dans cette colonie, mais tout
» ce que la différence de couleur et le sentiment de leur
» sûreté ont pu inspirer de *terreur* aux colons blancs et
» même à des magistrats, si la condamnation lui avait
» paru juste?

» Le noble pair, en parlant de l'arrêt que nous avons
» obtenu de la Cour, le 27 janvier, a daigné dire que le
» présent jalonne presque toujours l'avenir, et que si nos
» réclamations obtiennent le succès que nous en espé-
» rons, rendus à leurs familles et à leurs foyers, les péti-
» tionnaires reporteront dans leur sein le souvenir de la
» reconnaissance de la justice qui leur aura été rendue
» dans la mère patrie.

» Ils ont, messieurs, accepté cet augure avec la recon-
» naissance que la grandeur de leur infortune peut seule
» faire comprendre ; leur espoir a été augmenté par les
» paroles touchantes et si éloquentes du noble duc de
» Broglie, et par le renvoi que la Chambre des pairs (dans
» la séance du 6 mai) a fait de leur pétition au ministre,
» après une discussion solennelle. Le premier corps de
» l'État n'eût pas, messieurs, accordé cet intérêt à des
» conspirateurs, à de vils criminels : c'est le sentiment de
» leur innocence qui, dans cette noble Chambre, a triomphé,
» comme il triomphera ici, et qui a répandu un si vif intérêt
» sur leur cause.

(1) Le conseil colonial de Bourbon a blâmé cette condamnation, et
personne en France n'a osé en prendre la défense. M. Bissette serait-il le
seul qui l'ait ratifiée en 1848, en se disant conspirateur ?

» Vous casserez donc, messieurs, parce que les ouver-
» tures à cassation sont certaines, parce que vous en avez
» préjugé la solidité par votre arrêt du 28 juillet; mais vous
» casserez sans renvoi, parce qu'il n'y a pas de délit à punir.

» En cassant, vous rétablirez la bonne harmonie entre les
» deux classes, à laquelle la décision *du roi sur les* DÉPORTÉS
» et la protection du dauphin ont déjà tant contribué.

» Le roi et son ministère feront jouir les colonies des
» autres garanties qui leur manquent encore, en faisant
» disparaître les règlements locaux qui se sont tant opposés
» à leur prospérité. »

Ce vœu avait déjà été rempli en partie par l'ordonnance
royale du 24 août 1825 sur l'organisation de l'île Bourbon.
(Président, M. le comte Portalis; trois magistrats des autres
sections participèrent à l'arrêt.)

---

*Lettre de M. le duc de Broglie à M. Isambert, avocat à
la Cour de cassation, publiée par M. Bissette, en septembre 1840, dans la Revue des colonies (1).*

Coppet, le 5 octobre 1826.
(La lettre portait le timbre de Ferney-Voltaire.)

« J'apprends en même temps, monsieur, par le journal
d'hier, et le funeste accident qui vous est arrivé, et le glorieux succès qui a couronné vos efforts à la Cour de cassation.

(1) Ce numéro est intitulé : Septième année, n°ᵒˢ 3 et 4. Il existe isolé-
ment à la Bibliothèque nationale.

» Mon premier soin et mon premier désir est d'apprendre des nouvelles de votre santé, et de vous savoir rétabli. Permettez-moi ensuite de me féliciter avec vous de l'arrêt que vous avez obtenu ; espérons que ceci n'est que le prélude d'un autre succès qui attend vos clients à la Guadeloupe ; c'est le moins qui soit dû à leurs malheurs et à leur constance, qu'une éclatante réparation qui reporte à jamais sur leurs oppresseurs l'infamie dont on a essayé inutilement de les flétrir.

» S'il est vrai que, après vous, j'aie contribué en quelque chose à cet acte de justice, c'est de toutes mes actions celle dont je me sens le plus content.

» Serait-ce trop attendre de votre bienveillance que de vous demander de parler de moi à vos clients, et de les assurer que mes vœux les suivront constamment au-delà des mers, et au pied du tribunal où la justice les attend enfin ? Mais avant tout, dites-moi ou faites-moi dire comment vous vous trouvez, et que je sache que votre accident n'a pas eu de suite.

» Agréez, monsieur, les témoignages de mes sentiments.

» Signé BROGLIE. »

Je n'ai pas osé imprimer dans les Mémoires des hommes de couleur, cette lettre de M. de Broglie, ni celle de M. Laîné de Villevêque, du 30 mai 1826, sur le ministre de la marine, M. de Chabrol ; mais j'en avais immédiatement envoyé copie à MM. Bissette, Fabien et Volny. Je pensai ensuite que l'autographe de la première serait utile au succès de leur appel auprès des magistrats de la Guadeloupe, et je leur remis l'original à Brest.

Je ne manquai pas de remplir, par ma lettre du 11 octobre, le devoir qui m'était imposé de leur parler du service

signalé que leur avait rendu le noble pair, et que j'avais
accompli moi-même en le nommant devant la Cour de cassation, par exception à tant d'autres, auxquels cependant eux
et moi nous avions obligation. La lettre qui me fut écrite le
6 octobre par eux, quoique reconnaissante, était triste, et
j'écrivis à mon collègue dans la défense, qu'ils étaient peu
satisfaits, et que j'allais les consoler et les encourager.

Extrait de l'ouvrage de M. V. Schœlcher (1), *intitulé* : Colonies françaises, 1 vol. in-8 ; chez Pagnerre, 1842.

« On déteste, dit l'auteur, bien plus un abolitioniste aux
colonies, que nous ne détestons en France un possesseur
d'esclaves, on l'exècre, » p. 244.

Puis à la note : « Les passions mènent les colons jusqu'à
des calomnies qu'ils regretteraient s'ils étaient de sang-froid.
Ainsi M. Isambert, pour s'être constitué le défenseur des
sangs-mêlés, est traité aux colonies d'une manière infâme.
Je n'ai aucune intimité avec M. Isambert, et il n'a pas besoin
d'être défendu. Mais il s'est donné avec un si actif dévouement à la cause de l'abolition, que je me crois permis de
rapporter une circonstance de mon voyage qui le regarde.

» C'est une chose de la dernière authenticité pour tous
les créoles, même les moins passionnés, que M. Isambert
n'a embrassé et ne continue à défendre la cause de l'abolition
que pour de l'argent. On a tant répété cela, que tout le
monde le croit, et croit aussi que les preuves en existent de
la main du coupable, dans la correspondance d'un homme

(1) Il revenait des îles en juin 1841, ainsi qu'il résulte d'une de ses
lettres du 17, à bord de l'*Exprès*.

de couleur, nommé Lériché (Ériché), dont les papiers passèrent après décès au bureau des successions vacantes de Saint-Pierre-Martinique.

« J'avais entendu plusieurs personnes graves se faire l'écho de ces terribles bruits, et les maintenir pour vrais, quoique je voulusse y opposer la réputation de probité dont jouit M. Isambert en France. Je dis à la fin : La déconsidération du plus actif défenseur des noirs serait un coup très rude porté à la cause de l'affranchissement, car on juge avec quelque raison du mérite du procès par l'avocat. Cependant, comme la vérité doit être honorée pardessus tout, je ferai, moi, ce que je suis étonné que pas un de vous n'ait encore fait; puisque les preuves de la félonie existent, je m'engage à les publier, si vous me les montrez.

« Sur ce, un négociant de la Martinique, M. Auguste Bonnet, homme d'un noble caractère et ami de la justice, me mit en rapport exprès avec M. Gravier-Sainte-Luce, conseiller colonial, grâce au pouvoir duquel le conservateur des Archives voulut bien nous ouvrir ses cartons.

« Rappelez-vous que vous avez promis de publier, me dit M. Bonnet en commençant. Et lui, M. Sainte-Luce, ainsi que moi, nous nous mîmes à lire *toute* la correspondance de M. Isambert avec M. Lériché. *Rien* n'en sortit d'injurieux pour le caractère de l'abolitioniste; *loin de là*, il ne parlait de ses *honoraires* que comme mémoire, et mettait une DÉLICATESSE EXTRÊME à demander le *remboursement* des sommes *déboursées* par lui dans le procès célèbre des hommes de couleur, exprimant le *regret* que *l'état de sa fortune* ne lui permît pas de passer ces choses sous silence. Lorsque nous nous retirâmes, M. Bonnet, toujours intègre, dit à M. Gravier en souriant : Vous voyez qu'il faut voir.

» Ces deux messieurs attesteraient au besoin, je m'en

assure, la *scrupuleuse* exactitude de ce que je viens de ra-
conter. A l'occasion je ne me fis pas faute d'en parler... »

Jamais personne aux colonies n'a donné de démenti à
ce passage du livre de M. Schœlcher, qui y fut si répandu.
M. Bissette constate lui-même que les rédacteurs des journaux salariés par les conseils coloniaux ne croyaient pas à
cette calomnie ; ils n'ont osé publier les pièces, que l'infidé-
lité d'un greffier a mises à leur disposition, quand la justice
elle-même n'a pas droit de connaître des secrets entre les
avocats et leurs clients, et ne peut demander leur témoignage. Je ne me suis pas plaint de cette prévarication,
comme M. Bissette dit l'avoir fait.

Les frais étaient dus par 213 déportés, qui accusaient un
avoir de 1,928,000 fr., suivant un état de répartition qui
me fut remis, sans que j'en eusse fait la demande, au Havre,
le 16 septembre 1824, après leur mise en liberté. M. Ériché
était chargé du recouvrement.

O vicissitude des choses humaines! Le livre de M. Schœlcher fut dénoncé comme coupable de trop de ménagements
envers les colons, et c'est M. Bissette qui aujourd'hui remue
ces questions d'argent qui furent abandonnées, et qu'il se
vantait d'avoir victorieusement réfutées dans ses lettres à
Jollivet en 1842.

Est-ce pour plaire à mes anciens adversaires, aujourd'hui
que la crise de 1841 est passée, et que la grande majorité
des colons rend justice à ma bonne foi et à ma modération
dans l'œuvre de l'émancipation?

Lettre de M. DE VATIMESNIL, ancien ministre, à M. Fabien, capitaine de la garde nationale de la 2ª légion de Paris (26 juillet 1836).

« Lorsque j'avais l'honneur d'être commandant en 2ᵉ du bataillon dans lequel vous étiez officier, j'ai eu plus d'une fois l'occasion de remarquer l'amour de l'ordre, le dévouement, la générosité, et tous les autres nobles sentiments qui vous animent. Vous les avez notamment signalés le jour de la condamnation des ministres signataires des ordonnances de juillet. Quelques personnes ayant cherché à entraîner notre bataillon à des actes blâmables, sous l'étrange prétexte qu'une peine plus grave aurait dû être prononcée, vous avez employé avec succès votre ascendant moral à maintenir l'ordre dans le peloton dont vous étiez le chef; votre influence a été d'autant plus puissante, que vous aviez personnellement à vous plaindre de l'un des ministres, et les paroles que vous avez prononcées à ce sujet ont trouvé de l'écho dans toutes les âmes honnêtes et élevées : je me rappelle que cette conduite a été fréquemment l'éloge de nos camarades. J'ai su aussi qu'au moment où votre cœur se montrait si loyal et si généreux, il était brisé par la douleur que vous causait la maladie mortelle de votre cher fils. »

Fabien vit encore. Puisse sa raison, altérée par une cruelle maladie, comprendre encore ces lignes et se souvenir de son cher défenseur ! Que sa famille sache du moins que je ne l'ai pas oublié, et que madame Fabien, si sensible, me pardonne de renouveler ainsi sa douleur !

———

www.ingramcontent.com/pod-product-compliance
Lightning Source LLC
Chambersburg PA
CBHW061803050726
47598CB00002B/863